eXamen.press

T0219878

eXamen.press ist eine Reihe, die Theorie und Praxis aus allen Bereichen der Informatik für die Hochschulausbildung vermittelt.

Johannes Steinmüller

Bildanalyse

Von der Bildverarbeitung
zur räumlichen Interpretation
von Bildern

 Springer

Dr. rer. nat. Johannes Steinmüller
Technische Universität Chemnitz
Fakultät für Informatik
Straße der Nationen 62
09111 Chemnitz
stj@informatik.tu-chemnitz.de

ISBN 978-3-540-79742-5   ISBN 978-3-540-79743-2 (eBook)

DOI 10.1007/978-3-540-79743-2

eXamen.press ISSN 1614-5216

Bibliografische Information der Deutschen Nationalbibliothek
Die Deutsche Nationalbibliothek verzeichnet diese Publikation in der Deutschen Nationalbibliografie;
detaillierte bibliografische Daten sind im Internet über http://dnb.d-nb.de abrufbar.

© 2008 Springer-Verlag Berlin Heidelberg

Einbandgestaltung: KünkelLopka, Heidelberg

Gedruckt auf säurefreiem Papier

9 8 7 6 5 4 3 2 1

springer.de

Vorwort

Dieses Buch gibt eine Einführung in die Bildanalyse. Dabei werden neben der eigentlichen digitalen Bildverarbeitung auch die Mustererkennung (Objekterkennung in Bildern) sowie die dreidimensionale Bildinterpretation behandelt. Die beiden letzten Gebiete spielen unter anderem in der autonomen mobilen Robotik eine wichtige Rolle.

Das Material entstand aus einer einsemestrigen Vorlesung an der TU Chemnitz, die ich seit über 10 Jahren halte. Teilnehmer sind Studenten verschiedener Studienrichtungen wie Informatik, Mathematik, Medientechnik, Maschinenbau und Elektrotechnik.

Es werden folgende Themen behandelt:
— Bildverarbeitung
— Morphologische Operationen
— Bildsegmentierung
— Berechnung von Objektmerkmalen
— Klassifikation (Mustererkennung)
— Dreidimensionale Bildinterpretation
— Bewegungsanalyse aus Bildfolgen

Dieses Buch soll keine Einführung in die Praxis der Bildverarbeitung mit Softwarepaketen (wie z.B. ImageJ) sein. Dazu liegen schon zahlreiche Lehrbücher vor. Es enthält deshalb auch keine konkrete Umsetzung von Algorithmen. Ebenso sind Übungsaufgaben weitgehend theoretischer Natur.

Hauptziel ist die Darstellung der Hintergründe und mathematischer Prinzipien der Bildverarbeitung und der Bildanalyse. Viele mathematische Methoden, die für die Bildverarbeitung eine große Bedeutung haben, werden ausführlich dargestellt. Trotzdem ist es kein rein mathematisches Buch. Es werden auch zahlreiche praktische Hinweise gegeben.

Ein weiterer Schwerpunkt ist die Einbeziehung von Methoden der Künstlichen Intelligenz, wozu die Mustererkennung gehört.

Einige Themen (z.B. Neuronale Netze) würden den Rahmen des Buches sprengen und sind deshalb bewusst weggelassen worden.

Das Buch ist für eine einsemestrige zweistündige Vorlesung im Grund- oder Hauptstudium (ab 3. Semester) gut geeignet und hat sich in der Praxis bewährt. Die Aufgaben eines jeden Kapitels erlauben eine begleitende Übung. Es kann aber auch zum Selbststudium von Wissenschaftlern benutzt werden, die sich erste Kenntnisse im Bereich der Bildanalyse aneignen möchten.

Viele Personen haben mich bei der Erstellung des Buches unterstützt.
Besonderer Dank gilt Prof. Werner Dilger †, der mir die Möglichkeit gab,
mich intensiv mit der Vorbereitung und Durchführung einer Vorlesung zur
Bildanalyse zu beschäftigen. Von ihm stammen auch viele Hinweise zur in-
haltlichen Gestaltung.

Bei meiner Frau Heidrun und meinen Kindern Jan und Florian bedanke ich
mich dafür, dass sie jederzeit meine Arbeit unterstützten.

Meinen Kollegen Holger Langner und Marc Ritter danke ich für die Gestaltung des Abschnittes 6.6 und für viele spezielle Hinweise.

Eine Reihe von Kollegen wie Jens Zeidler, Falk Schmidsberger, Andreas Itt-
ner, Jörg Wellner, Ulf Nieländer, Niko Sünderhauf und Andrea Sieber stan-
den mir hilfreich bei der Gestaltung der Lehrveranstaltungen zur Seite. Dafür
mein herzlicher Dank.

Unserer Sekretärin Karin Gäbel danke ich für die Bereitschaft, mich bei der
Erledigung organisatorischer Aufgaben zu entlasten.

Auch allen Zuhörern der Vorlesungen gilt mein Dank für viele Anregungen
zur Verbesserung des Skriptes.

Dem Springer-Verlag und der Firma le-tex publishing services oHG danke ich
für ihre freundliche Unterstützung.

Chemnitz,   *Johannes Steinmüller*
Juni 2008

Inhaltsverzeichnis

Kapitel 1
Einführung

1

1

1 Einführung

In diesem Kapitel ordnen wir das Fachgebiet der Bildanalyse in übergreifende Konzepte ein. Wir beschreiben kurz einige Grundbegriffe und die prinzipielle Vorgehensweise der Bildverarbeitung und der Bildanalyse. Weiter geben wir einige geschichtliche Daten und listen verschiedene Anwendungen auf.

1.1 Einordnung des Fachgebietes

Bildverarbeitung und insbesondere Bildanalyse (Bildverstehen) beschäftigt sich mit der Analyse und Interpretation von visueller Information, d.h. mit Bildern oder Bildfolgen und ist eines der schwierigsten Teilgebiete der Informatik. Es wird oft der Künstlichen Intelligenz zugeordnet. Neben der Bearbeitung von Bildern geht es bei der Bildanalyse darum, auf den Bildern etwas zu erkennen. Dies können z.B. Objekte sein, die sich vom Bildhintergrund abheben.

Trotz seiner mehr als 50-jährigen Geschichte sind noch viele Fragen offen. Es gibt noch keine maschinellen Sehsysteme, die auch nur annähernd die Leistungsfähigkeit des menschlichen Sehsystems erreichen. Dafür gibt es zahlreiche Gründe:

- Die Konzepte wandelten sich in der Vergangenheit mehrfach grundlegend und sind auch heute noch im Fluss.
- Bildanalyse stellt hohe Ansprüche an das formale Rüstzeug der Wissenschaftler. Es werden komplexe mathematische Modelle benutzt.
- Die Funktionsweise biologischer Sehsysteme ist erst wenig verstanden.
- Oft benötigt man Systeme, die in kurzer Zeit viele Bilder auswerten müssen.

Beispiel 1.1 Ein kleines Kind kann aus 100 Bildern verschiedener Frauen problemlos das mit seiner Mutter herausfinden.

Ein Computerprogramm, das 10 einfache geometrische Figuren unterscheiden soll, ist schon aufwendig.

Man kann sich dem Problem der Erforschung des Sehens von verschiedenen Seiten nähern:

- **Informatik:**
  - Künstliche Intelligenz
  - Digitale Bildverarbeitung
  - Mustererkennung

- **Neurokognition** (Verhalten und Erleben des Menschen)
- **Neurophysiologie** (Lebensvorgänge und Funktionen des menschlichen Nervensystems)

Es gibt zahlreiche interdisziplinäre Forschungsgruppen. Wir beschränken uns auf Aspekte der Informatik.

Innerhalb der graphischen Datenverarbeitung ordnen wir uns wie folgt ein (Abb. 1.1):

Eingabe / Ausgabe	Bild	Beschreibung
Bild	Bildverarbeitung	Computergrafik
Beschreibung	Bildanalyse Bildverstehen	Andere

Abb. 1.1. Einordnung der Bildverarbeitung und der Bildanalyse als Teilgebiete der graphischen Datenverarbeitung

Das vorliegende Buch beschäftigt sich sowohl mit der Bildverarbeitung als auch mit der Bildanalyse.

1.2 Was ist Bildanalyse?

Bildanalyse (Computer Vision) ist ein komplizierter Prozess. Man geht aus von einem Bild oder mehreren Bildern (z.B. Bildfolgen) und einer Fragestellung. Resultat des Prozesses ist eine Beschreibung des Bildes oder der Bildfolge. Was diese Beschreibung enthält, hängt oft vom Bild und von der Fragestellung ab.

Beispiel 1.2 Einige mögliche Beschreibungen für die Abb. 1.2 sind:
- ein Binärbild
- eine Kreislinie, und 25 Strecken
- 1 Kreis, 4 Rechtecke und 10 einzelene Linien
- Sonne und Haus
- es ist schönes Wetter, die Sonne scheint

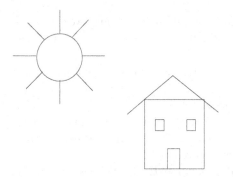

Abb. 1.2. Wie versteht man dieses Bild?

Man sieht, dass jede dieser Beschreibungen in einem gewissen Kontext relevant ist. Die Arbeitsweise eines bildverstehenden Systems wird also von der jeweiligen Fragestellung und der Anwendung abhängen.

Definition 1.1 Bildverstehen ist die Rekonstruktion und Deutung einer Szene (zeitlich-räumlicher Ausschnitt der Realwelt) anhand von Bildern (zweidimensionale Projektionen einer Szene).   **1.1**

Einige mögliche und schon anspruchsvollere Fragestellungen (Anwendungen) sind:
— kollisionsfreies Navigieren eines Roboters in der Szene
— planmäßiges Greifen und Manipulieren von Objekten in der Szene durch einen Industrieroboter
— Ausgabe von Warnsignalen bei gefährlichen Situationen
— inhaltsbasierte Bildsuche im Internet
— Ausgabe einer sprachlichen Szenenbeschreibung
— Beantworten sprachlicher Anfragen bezüglich der Szene

1.3 Einige Daten zur Entwicklung des Fachgebietes   **1.3**

Im Folgenden werden nur einige Eckpunkte der Entwicklung der Bildanalyse aufgelistet. Eine vollständigere geschichtliche Abhandlung ist nicht Ziel des Buches.
— **1955**: Aufbereitung von Luftbildern (militärisch interessante Aufgaben im Bereich der Bildverarbeitung)
— **1960**: Zeichenerkennung, Mustererkennung (Klassifikation)
— **1965**: Analyse von Polyederszenen (Blockswelt, ROBERTS[43])

- **1975**: Rekonstruktion dreidimensionaler Informationen aus zweidimensionalen Bildern, Klassifizierung von Knoten und Kanten in Blocksweltszenen (WALTZ[55])
- **1979**: erste internationale Arbeitstagung zum Thema Bildfolgen (Bewegungsanalyse)
- **1979**: Analyse von Straßenverkehrsszenen
- **1982**: Untersuchung biologischer Systeme, Einbeziehung von Forschungsergebnissen aus der Neurophysiologie und Psychophysik für das Bildverstehen, Orientierung an kognitiven Zielen
  Entwurf einer hierarchischen Rahmenarchitektur für Sehsysteme, in der verschiedene Zwischenrepräsentationen und Verarbeitungsprozesse vorgesehen sind (MARR[37]).
- **1990**: Modellierung eines Sehsystems als aktiv handelnder Agent (Aktives Sehen)
- **1990**: Anwendung neuronaler Netze
- **1992**: automatische Fahrzeugsteuerung

1.4 Grundbegriffe und Vorgehensweise bei der Bildanalyse

Wir betrachten 2 Modelle, um wesentliche Begriffe und die prinzipielle Vorgehensweise der Bildanalyse zu demonstrieren.

❯ 1.4.1 Modell nach Marr

Dazu betrachten wir Abb. 1.3 auf Seite 7.
Im Einzelnen bedeuten:
- **Bild:** digitales Rasterbild mit radiometrischen Eigenschaften jedes Bildpunktes, wie:
  - Grauwert
  - Farbe

- **primäre Skizze:** erster Eindruck, die sehr große Datenmenge des Bildes soll sinnvoll reduziert werden, ohne wesentliche Informationen für die nachfolgenden Verarbeitungsschritte zu verlieren, z.B.:
  - Grauwertänderungen, Kanten
  - lokale 2D-Geometrie einfacher Bildelemente
  - Gruppierung einfacher Elemente

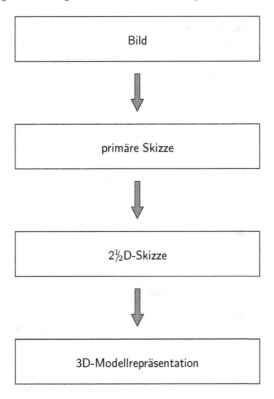

Abb. 1.3. Modell der Bildanalyse nach Marr [37]

— **2½D-Skizze:** geometrische und photometrische Eigenschaften der sichtbaren Oberflächen:
   — partielle Form- und Geometriekonstruktion
   — Tiefeninformation
   — Orientierung der sichtbaren Oberflächen (Normalvektoren)
   — Konturen von Oberflächendiskontinuitäten (Orientierungssprünge, Entfernungsänderungen)

— **3D-Repräsentation:**
   — Integration mehrerer 2½D-Skizzen
   — Aussagen über verdeckte Teile
   — Szenenbeschreibung (Objekte und deren Relationen zueinander)

◉ 1.4.2 Modell der Bildanalyse

Wir betrachten ein einfaches Gesamtmodell der Bildanalyse (Abb. 1.4). Es
besteht aus 6 Repräsentationsebenen. Drei in der Realität und die anderen
drei auf der Computerebene.

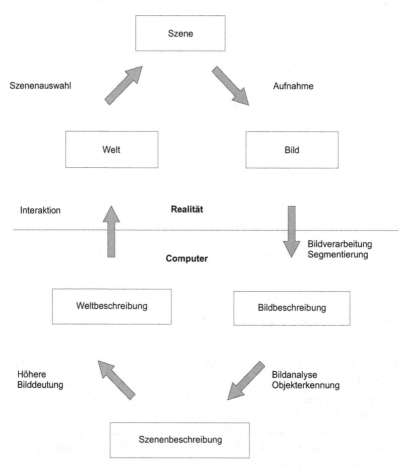

Abb. 1.4. Gesamtmodell zum Bildverstehen nach Pinz [40]

Die 6 Repräsentationsebenen können wir folgendermaßen charakterisieren.
— **Welt:**
   — physikalische Objekte mit Attributen
   — Objektkonfigurationen
   — Bewegung der Objekte

- **Szene:**
  - 3D-Ausschnitt der Welt
  - bestimmter Zeitpunkt

- **Bild:**
  - 2D-Abbild einer Szene

- **Bildbeschreibung:**
  - vom Bild ausgehend (Bottom-up
  - 2D-Bildelemente (Kanten, Segmente)
  - ohne Vorerwartungen

- **Szenenbeschreibung:**
  - Interpretation der Bildelemente als Szenenelemente,
    z.B. Bildkante – Hauskante oder Schattengrenze,
    roters Segment – Hauswand,
    grünes Segment – Gras

- **Weltbeschreibung:**
  - von einer Fragestellung ausgehend (Top-down)
  - es wird Vorwissen (Hintergrundwissen) benötigt

Wir beschreiben nun die einzelnen Prozesse etwas genauer.

Abb. 1.5. Szenenauswahl

- Was soll betrachtet werden?
- Wann wird betrachtet?

Abb. 1.6. Bildaufnahme

– Wie soll die Szene betrachtet werden?
– Sensorauswahl

Auf einige Probleme der Bildaufnahme werden wir im Kapitel 7 eingehen.

Abb. 1.7. Bildverarbeitung und Bildsegmentierung

– Bildverbesserung
– Bild zu Bild Transformationen
– Finden von Kanten
– Finden von homogenen Bildbereichen (Bildsegmentierung)

Diese Probleme werden in den Kapiteln 2, 3 und 4 behandelt.

Abb. 1.8. Bildanalyse – Objekterkennung

– Gruppierung einfacher geometrischer Objekte
– Berechnung von Objektmerkmalen
– Klassifikation von Objekten
– Shape from X (die Form wird aufgrund einer bestimmten Methode X errechnet)
– $2\frac{1}{2}$D-Rekonstruktion der Szene

Darauf gehen wir in den Kapiteln 5, 6 und 7 näher ein.

Abb. 1.9. Höhere Bilddeutung

— Repräsentation und Prozesse oberhalb der Ebene erkannter Objekte
— Objektkonfigurationen
— Situationen
— Bewegungsabläufe
— Episoden

Diese Probleme gehen weit über den Rahmen des Buches hinaus und werden nicht behandelt.

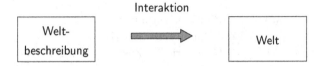

Abb. 1.10. Interaktion mit der Umwelt

— direkte Interaktion mit der Umwelt
— Umwelt verändern
— Richtigkeit des bildverstehenden Systems verifizieren
— aktiver Roboter

Auch dies ist Gegenstand anderer Gebiete (wie der Robotik).

1.5 Anwendungen

1.5

Die Bildverarbeitung hat trotz vieler offener Fragen bereits zahlreiche erfolgreiche spezielle Anwendungen:
— Zeichenerkennung
— Qualitätsprüfung in der industriellen Produktion
— Medizinische Bildanalyse
— Luftbildauswertung
— Fahrzeugsteuerung
— Gesichtserkennung
— Robotik
— Inhaltsbasierte Bildsuche im Internet (Suche nach vermissten Kindern, Suche nach staatsfeindlichen Symbolen)

Auf Details dieser Anwendungen werden wir nicht weiter eingehen.

1.6 Ausgewählte allgemeine Literaturhinweise

Allgemeine Lehrbücher zur Bildverarbeitung und Bildanalyse sind [1], [4], [9], [12], [14], [16], [25], [27], [31], [40], und [50].

Die Verbindung zur Programmierung mit Java und ImageJ wird in [9] hergestellt.

Bücher zur Künstlichen Intelligenz, die auch Kapitel zur Bildanalyse enthalten sind [15], [44] und [56].

In [38] wird die Computergrafik und die Bildverarbeitung gemeinsam dargestellt.

Eine Sammlung von Operatoren zur Bildverarbeitung enthält [28].

Ein ganzes Buch über morphologische Operationen ist [47].

Theoretische Aspekte zur diskreten Geometrie im Zusammenhang mit der Bildverarbeitung enthält [53], [54] und [30].

Fragen zur Klassifikation und des Maschinellen Lernens werden in [2], [6], und [44] behandelt.

Die dreidimensionale Bildinterpretation wird in [12], [18], [26], [29] und [36] behandelt.

Bewegungsanalyse aus Bildfolgen findet man in [29].

Aspekte der parallelen Bildverarbeitung beschreibt [7] und [8].

Objektorientierte Methoden in der Bildverbeitung nutzt [57].

Fuzzy und Bildverarbeitung behandelt [49].

Verschiedene Anwendungen findet man in [11], [24], [33] und [48].

Kapitel 2

Bildverarbeitung

2

2

2 Bildverarbeitung

Dieses Kapitel behandelt die wichtigsten Operationen (Transformationen, Operatoren) der Bildverarbeitung. Großer Wert wird auf die Darstellung des mathematischen Hintergrunds gelegt. Technische Anwendungsdetails werden relativ kurz besprochen.

2.1 Einführung

In der Bildverarbeitung (oder Bildvorverarbeitung) werden Bilder immer wieder zu Bildern transformiert.

Einige Aufgaben der Bildverarbeitung sind:
— Bildverbesserung, Korrektur von Bildfehlern
— Kantendetektion
— Segmentierung des Bildes, Finden homogener Bereiche
— erste Bildanalyse

Unter einem Bild verstehen wir eine Matrix von Bildpunkten (Abb. 2.1)

$$G = (g(i,j)) \quad \text{mit} \quad i = 0, \ldots, I-1; \quad j = 0, \ldots, J-1. \qquad (2.1)$$

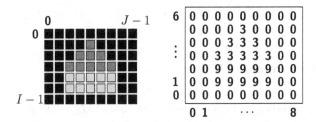

Abb. 2.1. Ein Bild (links) wird als Matrix von Grauwerten (rechts) dargestellt.

Dabei ist I die Anzahl der Bildzeilen und J die Anzahl der Bildspalten. Die 0-te Spalte wird wie üblich links angeordnet. Die 0-te Zeile kann unten stehen (wie beim (i,j)-Koordinatensystem) oder oben (Matrixnotation) und wird in der Bildverarbeitung je nach Kontext verschieden angewendet. Falls es von Bedeutung ist, werden wir immer explizit darauf hinweisen. Die Matrixelemente $g(i,j)$ sind reelle Zahlen (z.B. Grauwerte) und gehören einer festgelegten Menge W an.

Mit $G_{\min}$ bzw. $G_{\max}$ bezeichnen wir den kleinsten bzw. größten Wert aus W. Z.B. kann man für W die Menge der natürlichen Zahlen des Intervalls $[0, 255]$ nehmen, dann gilt $G_{\min} = 0$ und $G_{\max} = 255$.

Unter einer Bildfolge verstehen wir eine Folge von Matrizen

$$G(k) = (g(i,j,k)) \quad \text{mit} \quad i = 0, \ldots, I-1; \quad j = 0, \ldots, J-1; \quad k = 1, \ldots, K.$$

Dabei ist K die Anzahl der Bilder und $g(i,j,k) \in W$ sind reelle Zahlen. Bildfolgen werden u. a. bei der Bewegungsanalyse benötigt (siehe Kapitel 8). Die beiden folgenden Begriffe werden in der Bildverarbeitung oft verwendet.

2.1   **Definition 2.1: Histogramm**

Sei $G = (g(i,j))$ ein Bild und $W \subset R$ die Menge der möglichen Bildwerte, d.h. $g(i,j) \in W$. Die Funktion

$$H(w) = |\{(i,j) : g(i,j) = w\}| : W \to N$$

heißt **Histogramm** des Bildes G. Dabei bezeichne $N = 0, 1, 2, \ldots$ die Menge der natürlichen Zahlen.

$H(w)$ ist also die Anzahl der Bildwerte $g(i,j)$ mit $g(i,j) = w$.

2.2   **Definition 2.2: kumulatives Histogramm**

Die Funktion

$$\overline{H}(w) = \sum_{w' \in W : w' \leq w} H(w') : W \to N$$

heißt **kumulatives Histogramm** des Bildes G.

Falls W die Menge der natürlichen Zahlen zwischen $G_{\min}$ und $G_{\max}$ ist, so gilt

$$\overline{H}(w) = \begin{cases} H(G_{\min}) & \text{falls} \quad w = G_{\min} \\ \overline{H}(w-1) + H(w) & \text{falls} \quad G_{\min} < w \leq G_{\max}. \end{cases}$$

Folgerung 1

$$\overline{H}(G_{\max}) = I \cdot J$$

Sei nun

$$G_E = (g_E(i,j)) \quad \text{mit} \quad i = 0, \ldots, I-1; \quad j = 0, \ldots, J-1$$

das Eingabebild bzw.

$$G_E(k) = (g_E(i,j,k)); \quad k = 1, \ldots, K$$

eine Eingabebildfolge und

$$G_A = (g_A(i,j))$$

das Ausgabebild.

Wir unterscheiden in der Bildverarbeitung 3 Arten von Operationen:

— Punktoperationen

— lokale Operationen

— globale Operationen

Definition 2.3: Punktoperation   2.3

Ein Bildpunkt $g_A(i,j)$ des Ausgabebildes ist nur eine Funktion eines einzelnen Bildpunktes $g_E(i_1,j_1)$ des Eingabebildes bzw. der Eingabebildfolge $(i, i_1 = 0, \ldots, I-1; \quad j, j_1 = 0, \ldots, J-1)$:

$$g_A(i,j) = f[\{g_E(i_1,j_1,k) : k = 1, \ldots, K\}]$$

Hierzu gehören auch Operationen zur geometrischen Entzerrung eines Bildes, bei der die Koordinaten (i_1, j_1) in die Koordinaten (i,j) transformiert werden.

Oft ist $i = i_1$ und $j = j_1$.

Definition 2.4: Lokale Operation   2.4

Ein Bildpunkt $g_A(i,j)$ des Ausganbebildes ist eine Funktion der Bildpunkte in einer wohldefinierten lokalen Umgebung U um den entsprechenden Punkt (i,j) des Eingabebildes bzw. der Eingabebildfolge. Die lokale Umgebung wird meist symmetrisch zum betrachteten Punkt, oft quadratisch gewählt :

$$g_A(i,j) = f[\{g_E(i',j',k) : (i',j') \in U; \quad k = 1, \ldots, K\}]$$

Falls U ein Rechteck, so gilt

$$g_A(i,j) = f[\{g_E(i-l,j-m,k):$$
$$l = -\frac{L-1}{2}, \ldots, +\frac{L-1}{2}$$
$$m = -\frac{M-1}{2}, \ldots, +\frac{M-1}{2}$$
$$k = 1, \ldots, K\}].$$

Dabei sind L und M ungerade natürliche Zahlen. Selten (wie bei der Roberts-Operation Beispiel 2.16) verwendet man Rechtecke mit geradzahligen Seitenlängen.

2.5   **Definition 2.5: Globale Operation**
Ein Bildpunkt $g_A(i,j)$ des Ausgabebildes ist eine Funktion aller Punkte des Eingabebildes bzw. der Eingabebildfolge:

$$g_A(i,j) = f[\{g_E(i,j,k) : i = 0, \ldots, I-1; \quad j = 0, \ldots, J-1; \quad k = 1, \ldots, K\}]$$

Anmerkung 2.1.1 Für die bildliche Darstellung der mit den Operationen berechneten Werte $g_A(i,j)$ ist noch oft eine Nachbearbeitung nötig, da auch negative oder nichtganzzahlige Werte entstehen können. Auf diese Details gehen wir nicht weiter ein.

2.2 ___ ## 2.2 Punktoperationen

❯ 2.2.1 Kontrast und Helligkeit
Die Grauwerte des Ausgabebildes berechnen wir wie folgt:

$$g_A(i,j) = K \cdot g_E(i,j) + H$$

Die Konstante H entspricht der Helligkeit und die Konstante K entspricht dem Kontrast. Wenn $K > 1$ wird der Kontrast erhöht und wenn $0 < K < 1$ wird der Kontrast erniedrigt. Durch Addition von H wird das ganze Bild heller oder dunkler (Abb. 2.2).

Abb. 2.2. Erhöhen der Helligkeit

Hierzu gehört auch das **Invertieren** $(K = -1)$:

$$g_A(i,j) = G_{\max} - g_E(i,j)$$

2.2.2 Dehnung der Grauskala

Sei

$$E_{\min} = \min_{i,j}\{g_E(i,j)\}$$

und

$$E_{\max} = \max_{i,j}\{g_E(i,j)\}.$$

Die zur Verfügung stehende Grauwertskala des Ausgabebildes liege zwischen A_1 und A_2, d.h. $A_1 \leq g_A(i,j) \leq A_2$.
Die Transformationsgleichung lautet dann:

$$g_A(i,j) = \frac{A_2 - A_1}{E_{\max} - E_{\min}} \cdot (g_E(i,j) - E_{\min}) + A_1$$

In dieser Gleichung wird die Grauskala so modifiziert, dass der volle Zahlenbereich zwischen A_1 und A_2 im Ausgabebild ausgenutzt wird (Abb. 2.3 und 2.4).

2.2.3 Histogrammebnung

Der zu dehnende Bereich kann auch automatisch aus den Eingabebild berechnet werden. Dazu benutzt man das kommulative Histogramm (siehe Definition 2.2).
Die Grauwerte des Ausgabebildes berechnen sich dann wie folgt:

$$g_A(i,j) = \frac{G_{\max}}{I \cdot J - \overline{H}(G_{\min})} \cdot [\overline{H}(g_E(i,j)) - \overline{H}(G_{\min})]$$

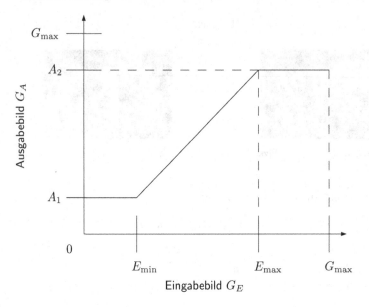

Abb. 2.3. Lineares Dehnen der Grauwerte

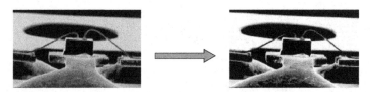

Abb. 2.4. Lineares Dehnen der Grauwerte – der Kontrast wird erhöht.

❯ 2.2.4 Schwellwertbildung – Binarisierung

Hier wird das Eingabebild mit Hilfe von ein oder mehreren Schwellwerten in ein Binärbild transformiert (Abb. 2.5):

$$g_A(i,j) = \begin{cases} 0 \\ 1 \end{cases} \text{falls} \quad \begin{matrix} g_E(i,j) \leq T \\ g_E(i,j) > T \end{matrix}$$

$$g_A(i,j) = \begin{cases} 0 \\ 1 \end{cases} \text{falls} \quad \begin{matrix} g_E(i,j) \leq T_1 \quad \text{oder} \quad g_E(i,j) > T_2 \\ T_1 < g_E(i,j) \leq T_2 \end{matrix}$$

Für die Schwellwerte können lokale Minima des Histogramms gewählt werden.

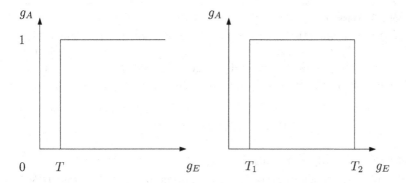

Abb. 2.5. Transformation mit Schwellwerten

❯ 2.2.5 Weitere Beispiele für Punktoperationen

Beispiel 2.1: Farbtransformationen   2.1

Von einer Szene wurden die drei Farbauszüge G_R, G_G, G_B (R – rot, G – grün, B – blau) erstellt. Mit Hilfe der Farbtransformation kann die aufgrund ihrer farblichen Eigenschaften relevante Information durch Wahl geeigneter skalarer Gewichte a, b, c hervorgehoben werden:

$$g_A(i,j) = a \cdot g_R(i,j) + b \cdot g_G(i,j) + c \cdot g_B(i,j)$$

Beispiel 2.2: Hintergrundsubtraktion   2.2

Vor dem zu verarbeitenden Bild $G_E = (g_E(i,j))$ wird ein Hintergrundbild $G_H = (g_H(i,j))$ aufgenommen, das die relevanten Objekte nicht enthält. Die Hintergrundsubtraktion trennt dadurch die relevanten Objekte vom Hintergrund insofern, als der Hintergrund praktisch durch Nullen und der Bereich der relevanten Objekte durch von Null verschiedene Werte charakterisiert wird:

$$g_A(i,j) = g_E(i,j) - g_H(i,j)$$

2.3

Beispiel 2.3: Maskierung

Zur Extraktion semantisch bedeutsamer Teile eines Bildes dient eine Binär-maske $G_B = (g_B(i,j))$ in der mit $g_B(i,j) = 1$ die Punkte gekennzeichnet sind, die zu dem interessierenden Objekt gehören und mit $g_B(i,j) = 0$ die Punkte außerhalb des interessierenden Objektes:

$$g_A(i,j) = g_B(i,j) \cdot g_E(i,j)$$

2.4

Beispiel 2.4: Geometrische Transformationen

Bei den bisher betrachteten Bildpunkttransformationen wurden die Ortsko-ordinaten der Bildpunkte nicht geändert. Oft besteht jedoch die Notwen-digkeit, eine Ortskoordinatentransformation durchzuführen. So muss man beim Vergleich von Bildern unterschiedlicher Größe vor der Verarbeitung eine Größennormierung vornehmen, oder Abb.sfehler und Bildverzerrungen beseitigen.

Eine Abb. ist die Verschiebung:

$$g_A(i,j) = g_E(i+p, j+q) p,q \quad \text{Konstanten}$$

Allgemein kann die Transformation folgendermaßen beschrieben werden:

$$g_A(i,j) = g_E(i_1, j_1) \quad \text{mit} \quad i_1 = f_1(i,j); \quad j_1 = f_2(i,j)$$

Dabei sind f_1 und f_2 beliebige Abbildungsfunktionen.
Probleme treten am Bildrand auf, da (i_1, j_1) nicht im Indexbereich des Ein-gangsbildes liegen muss.

❯ **2.2.6 Aufgaben**

2.2.1

Aufgabe 2.2.1 Sei

$$G_E = \begin{pmatrix} 50 & 50 & 50 & 50 & 50 & 50 & 50 & 50 \\ 40 & 100 & 100 & 100 & 100 & 100 & 100 & 40 \\ 40 & 100 & 110 & 110 & 110 & 110 & 100 & 40 \\ 40 & 100 & 110 & 110 & 110 & 110 & 100 & 40 \\ 40 & 100 & 100 & 100 & 100 & 100 & 100 & 40 \\ 150 & 100 & 120 & 120 & 120 & 120 & 100 & 150 \\ 150 & 100 & 120 & 120 & 120 & 120 & 100 & 150 \\ 200 & 200 & 200 & 200 & 200 & 200 & 200 & 200 \end{pmatrix} \tag{2.2}$$

ein Eingabebild. Berechnen Sie das Histogramm.

Aufgabe 2.2.2 Berechnen Sie ein Ausgabebild G_A, indem Sie eine lineare Dehnung der Grauwerte von G_E aus Aufgabe 2.2.1 auf dem Bereich

$$A_1 = 25 \leq g_A(i,j) \leq A_2 = 250$$

vornehmen.
Vergleichen Sie die Histogramme von G_E und G_A.

2.2.2

Aufgabe 2.2.3 Im Bild G_E aus Aufgabe 2.2.1 sollen die Grauwerte von 100 bis 120 auf dem Bereich von 0 bis 250 linear transformiert werden. Grauwerte kleiner als 100 oder größer als 120 werden auf 0 abgebildet.
Beschreiben Sie die Abbildungsfunktion und berechnen Sie das entsprechende Ausgabebild G_A.

2.2.3

Aufgabe 2.2.4 Im Bild G_E aus Aufgabe 2.2.1 sollen die Grauwerte von 100 bis 120 auf dem Bereich von 50 bis 200 linear transformiert werden, sowie der Bereich 0 bis 100 auf 0 bis 50 und der Bereich 120 bis 200 auf 200 bis 250. Beschreiben Sie die drei Abbildungsfunktionen und berechnen Sie das entsprechende Ausgabebild G_A.

2.2.4

Aufgabe 2.2.5 Berechnen Sie das kumulative Histogramm des Bildes G_E aus Aufgabe 2.2.1.

2.2.5

Aufgabe 2.2.6 Wenden Sie auf das Bild G_E aus Aufgabe 2.2.1 die Histogrammebnung (Abschnitt 2.2.3) an. Vergleichen Sie danach die Histogramme von G_E und G_A.

2.2.6

Aufgabe 2.2.7 Wenden Sie auf das Bild G_E aus Aufgabe 2.2.1 verschiedene Schwellwertoperationen aus Abschnitt 2.2.4 an. Untersuchen Sie die Wirkung verschiedener Schwellwerte T.

2.2.7

2.3 Lokale Operationen

2.3

Hier kann man jene Informationen aus einem Bild extrahieren, die durch eine Verknüpfung eines Bildpunktes mit seiner lokalen Nachbarschaft gewonnen werden können. Ein Beispiel ist das Auffinden von Kanten.
Um Kantenstrukturen zu finden, genügt es nicht, Punktoperationen durchzuführen. Eine solche Fragestellung kann man nur lösen, wenn man die Bild-

punkte eines Bildes zusammen mit ihrer Nachbarschaft untersucht. Bei einer Kante ändern sich zum Beispiel die Grauwerte innerhalb eines kleinen Bereiches sehr stark.

❯ 2.3.1 Lineare Faltung

2.6

Definition 2.6 Seien L, M ungerade natürliche Zahlen,

$$G_E = (g_E(i,j))$$

ein Eingabebild und

$$H = (h(l,m)) = \begin{pmatrix} h(-\frac{L-1}{2}, -\frac{M-1}{2}) \;\cdots\cdots\; h(-\frac{L-1}{2}, \frac{M-1}{2}) \\ \cdots\cdots\cdots\cdots\cdots\cdots\cdots\cdots\cdots\cdots \\ \cdots\cdots\cdots\cdots h(0,0) \cdots\cdots\cdots\cdots \\ \cdots\cdots\cdots\cdots\cdots\cdots\cdots\cdots\cdots\cdots \\ h(\frac{L-1}{2}, -\frac{M-1}{2}) \;\cdots\cdots\; h(\frac{L-1}{2}, \frac{M-1}{2}) \end{pmatrix}$$

eine Matrix mit

$$i = 0, \ldots, I-1; \quad j = 0, \ldots, J-1$$

$$l = -\frac{L-1}{2}, \ldots, \frac{L-1}{2}; \quad m = -\frac{M-1}{2}, \ldots, \frac{M-1}{2}$$

Die lineare Faltung

$$G_F = (g_F(i,j)) = H * G_E$$

von G_E mit dem Faltungskern H wird durch die folgende Faltungssumme definiert:

$$g_F(i,j) = \sum_{l=-\frac{L-1}{2}}^{\frac{L-1}{2}} \sum_{m=-\frac{M-1}{2}}^{\frac{M-1}{2}} h(l,m) \cdot g_E(i-l, j-m) \qquad (2.3)$$

$$:= h(i,j) * g_E(i,j)$$

Anmerkung 2.3.1

- Die lineare Faltung berechnet die Werte $g_F(i,j)$ des Ausgabebildes aus den Werten einer (rechteckigen) Umgebung des Punktes (i,j) des Eingabebildes G_E.
- Die Eigenschaften der Faltungsoperation werden durch den Faltungskern $H = (h(i',j'))$ bestimmt.
- In der Bildverarbeitung nehmen wir an, dass L und M wesentlich kleiner als die Zeilen- und Spaltenlänge des Bildes sind.
  In einigen Fällen können L und M auch gerade natürliche Zahlen sein (siehe Beispiel 2.16). Dann kann man die Gleichung (2.3) sinngemäß ebenfalls anwenden. Die Lage des Bezugspunktes $(0,0)$ in der Matrix muss man dann allerdings noch festlegen.
- Bei Anwendung der Gleichung (2.3) auf randnahe Bildbereiche treten Indizes auf, die Bildpunkte außerhalb des Bildes $G_E = (g_E(i,j))$ ansprechen. Es gibt eine Reihe von Verfahren, wie Zeilen- und Spaltenwiederholung, Bildspiegelung usw., um diesen Punkten geeignete Werte zuzuweisen.
- Eine exakte mathematische Definition der Faltung ist nur für diskrete zweidimensionale Funktionen möglich, deren Definitionsbereich die gesamte Menge Z der ganzen Zahlen ist. Wir werden im Abschnitt 2.4.4 noch einmal darauf zurückkommen.

Wir betrachten im Folgenden nur kleine Werte für L und M. In der Praxis sind oft größere Werte üblich.

❯ 2.3.2 Lineare Faltung und Tiefpassfilter

Tiefpassfilter dienen zur Glättung der Grauwerte. Durch Tiefpassfilterung können Bildstörungen (z.B. Rauschen) beseitigt werden. Allerdings werden dabei auch scharfe Kanten oder dünne Linien mitgeglättet. Das Bild wirkt unschärfer (Abb. 2.6).

Ein Tiefpassfilter verstärkt tiefe Ortsfrequenzen, hohe Ortsfrequenzen werden unterdrückt. Gleichmäßig helle Bildteile bleiben unverändert, während plötzliche Hell-Dunkel-Übergänge (Kanten) verschmiert werden.

Beispiel 2.5: Mittelwertoperation   2.5

Sei $L = M = 3$ und die Matrix

$$(H =)H_M = \frac{1}{9} \begin{pmatrix} 1 & 1 & 1 \\ 1 & 1 & 1 \\ 1 & 1 & 1 \end{pmatrix}$$

der Faltungskern.

Hier gilt:

$$g_F(i,j) = \frac{1}{9} \sum_{l=-1}^{1} \sum_{m=-1}^{1} g_E(i-l, j-m)$$

Der Operator $H_M * G_E$ heißt Mittelwertoperation.

Abb. 2.6. Mittelwertoperator

Die einfache Mittelwertbildung reicht in vielen Fällen nicht aus. Besser ist es, die Werte der Faltungsmatrix zu wichten.
Eine einfache Möglichkeit ist die Benutzung der Binomialkoeffizienten. Diese tragen wir in die erste und letzte Zeile bzw. Spalte ein. Die Werte der Elemente im Innern der Matrix sind dann das Produkt der Zahlen am linken und oberen Rand.

2.6   Beispiel 2.6: Binomialoperation

Wählt man die Binomialkoeffizienten

$$\binom{2}{k}, \quad k = 0, 1, 2$$

· so erhält man die Matrix

$$H_{B_1} = \frac{1}{16} \begin{pmatrix} 1 & 2 & 1 \\ 2 & 4 & 2 \\ 1 & 2 & 1 \end{pmatrix}.$$

2.7   Beispiel 2.7: Binomialoperation
Benutzt man

$$\binom{4}{k}, \quad k = 0, 1, 2, 3, 4$$

so erhält man die Matrix

$$H_{B_2} = \frac{1}{256} \begin{pmatrix} 1 & 4 & 6 & 4 & 1 \\ 4 & 16 & 24 & 16 & 4 \\ 6 & 24 & 36 & 24 & 6 \\ 4 & 16 & 24 & 16 & 4 \\ 1 & 4 & 6 & 4 & 1 \end{pmatrix}$$

2.3.3 Lineare Faltung mit der Gaußverteilung

Hier benutzen wir die zweidimensionale Gaußsche Normalverteilung.

$$G(\vec{x}) = \frac{1}{2\pi \cdot \det(\Sigma)^{\frac{1}{2}}} \cdot e^{-\frac{1}{2}(\vec{x}-\mu)^T \Sigma^{-1}(\vec{x}-\mu)}$$

Dabei sei

$$\vec{x} = \begin{pmatrix} x \\ y \end{pmatrix},$$

μ der Mittelwertvektor und Σ die Kovarianzmatrix.
Wir wählen speziell

$$\mu = \begin{pmatrix} 0 \\ 0 \end{pmatrix}$$

und

$$\Sigma = \begin{pmatrix} \sigma & 0 \\ 0 & \sigma \end{pmatrix}.$$

Dann erhalten wir:

$$G(\vec{x}) = G(x,y) = \frac{1}{2\pi \cdot \sigma} \cdot e^{-\frac{1}{2 \cdot \sigma^2}(x^2+y^2)}$$

Eine geeignete Diskretisierung führt zu folgenden 2 einfachen Faltungsmatrizen:

2.8   **Beispiel 2.8: Gaußoperation**

$$H_{G_1} = \frac{1}{24} \begin{pmatrix} 1 & 3 & 1 \\ 3 & 8 & 3 \\ 1 & 3 & 1 \end{pmatrix}$$

2.9   **Beispiel 2.9: Gaußoperation**

$$H_{G_2} = \frac{1}{245} \begin{pmatrix} 1 & 3 & 5 & 3 & 1 \\ 3 & 15 & 24 & 15 & 3 \\ 5 & 24 & 41 & 24 & 5 \\ 3 & 15 & 24 & 15 & 3 \\ 1 & 3 & 5 & 3 & 1 \end{pmatrix}$$

Hier gibt es zahlreiche andere Varianten.

Gaußoperationen werden vielfältig benutzt. Eine aktuelle Anwendung ist die Berechnung von SIFT-Merkmalen. Hier berechnet man Differenzen von Gaußoperationen (DoG-Filter) mit σ Werten, die sich um einen geeigneten Faktor k unterscheiden. Die Grundidee wird in [34] dargestellt.

Diese Merkmale besitzen z.B. in der autonomem mobilen Robotik eine große Bedeutung bei der Erkennung von Landmarken.

❯ 2.3.4 Lineare Faltung und Kanten

Diese Operatoren nennt man auch Hochpassfilter. Sie unterdrücken tiefe Ortsfrequenzen, hohe werden verstärkt. Dadurch verschwinden gleichmäßig helle Bildteile. Bildbereiche, wo benachbarte Bildpunkte verschiedene Grauwerte aufweisen, werden betont. Deshalb kann man damit Kanten hervorheben.

Dazu benutzen wir eine sinnvolle Übertragung der Berechnung der ersten partiellen Ableitung auf diskrete Funktionen.

Ist $s(x, y)$ eine stetige Funktion zweier Veränderlicher, so sind die ersten partiellen Ableitungen von $s(x, y)$ nach x bzw. y definiert als

$$\frac{\partial s(x, y)}{\partial x} = \lim_{\Delta x \to 0} \frac{s(x + \Delta x, y) - s(x, y)}{\Delta x}$$

$$\frac{\partial s(x,y)}{\partial y} = \lim_{\Delta y \to 0} \frac{s(x, y + \Delta y) - s(x,y)}{\Delta y}$$

Die sinngemäßen Differenzenbildungen bei einer Funktion $g(i,j)$ mit diskreten i und j lauten ($\Delta i = \Delta j = 1$):

$$\frac{g(i+1,j) - g(i,j)}{i+1-i} = g(i+1,j) - g(i,j)$$

$$\frac{g(i,j+1) - g(i,j)}{j+1-j} = g(i,j+1) - g(i,j)$$

Damit ergeben sich die beiden folgenden einfachen Faltungskerne (wieder ist $L = M = 3$):

Beispiel 2.10   2.10

$$H_z = \begin{pmatrix} 0 & 1 & 0 \\ 0 & -1 & 0 \\ 0 & 0 & 0 \end{pmatrix}$$

$$H_s = \begin{pmatrix} 0 & 0 & 0 \\ 1 & -1 & 0 \\ 0 & 0 & 0 \end{pmatrix}$$

Die Werte des Ausgabebildes G_A berechnen sich zu

$$g_A(i,j) = \sum_{l=-1}^{1} \sum_{m=-1}^{1} h_z(l,m) \cdot g_E(i-l, j-m) = g_E(i+1,j) - g_E(i,j)$$

bzw.

$$g_A(i,j) = \sum_{l=-1}^{1} \sum_{m=-1}^{1} h_s(l,m) \cdot g_E(i-l, j-m) = g_E(i,j+1) - g_E(i,j).$$

H_z findet vorzugsweise horizontale Kanten und H_s vertikale Kanten.

Dies ist die einfachste Form zur Hervorhebung von Grauwertkanten.
Eine andere Möglichkeit zur Darstellung der ersten Ableitungen sind die Differenzen

$$g(i-1,j) - g(i,j)$$

$$g(i,j-1) - g(i,j)$$

und damit die Faltungskerne.

2.11   **Beispiel 2.11**

$$H_z^1 = \begin{pmatrix} 0 & 0 & 0 \\ 0 & -1 & 0 \\ 0 & 1 & 0 \end{pmatrix}$$

$$H_s^1 = \begin{pmatrix} 0 & 0 & 0 \\ 0 & -1 & 1 \\ 0 & 0 & 0 \end{pmatrix}$$

Die Werte des Ausgabebildes G_A berechnen sich hier zu

$$g_A(i,j) = \sum_{l=-1}^{1} \sum_{m=-1}^{1} h_z^1(l,m) \cdot g_E(i-l, j-m) = g_E(i-1, j) - g_E(i,j)$$

bzw.

$$g_A(i,j) = \sum_{l=-1}^{1} \sum_{m=-1}^{1} h_s^1(l,m) \cdot g_E(i-l, j-m) = g_E(i, j-1) - g_E(i,j).$$

H_z^1 findet vorzugsweise horizontale Kanten und H_s^1 vertikale Kanten (siehe Abb. 2.7).

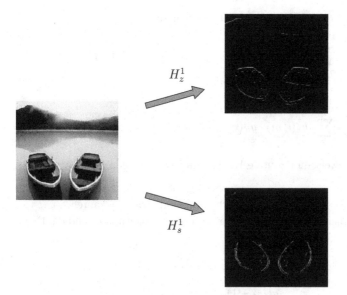

Abb. 2.7. Kantenhervorhebung mit einfachen Differenzen

Eine weitere Möglichkeit bilden die symmetrischen Differenzen

$$g(i+1,j) - g(i-1,j)$$

$$g(i,j+1) - g(i,j-1)$$

und damit die Faltungskerne.

Beispiel 2.12   2.12

$$H_z^S = \begin{pmatrix} 0 & 1 & 0 \\ 0 & 0 & 0 \\ 0 & -1 & 0 \end{pmatrix}$$

$$H_s^S = \begin{pmatrix} 0 & 0 & 0 \\ 1 & 0 & -1 \\ 0 & 0 & 0 \end{pmatrix}$$

Die Werte des Ausgabebildes G_A berechnen sich hier zu

$$g_A(i,j) = \sum_{l=-1}^{1} \sum_{m=-1}^{1} h_z^S(l,m) \cdot g_E(i-l,j-m) = g_E(i+1,j) - g_E(i-1,j)$$

bzw.

$$g_A(i,j) = \sum_{l=-1}^{1} \sum_{m=-1}^{1} h_s^S(l,m) \cdot g_E(i-l,j-m) = g_E(i,j+1) - g_E(i,j-1).$$

H_z^S findet vorzugsweise horizontale Kanten und H_s^S vertikale Kanten
Diese einfachen Kantendetektoren kann man natürlich noch auf viele Arten
verallgemeinern.

Beispiel 2.13: Sobeloperation   2.13
Sei $L = M = 3$ und

$$H_{S_z} = \begin{pmatrix} 1 & 2 & 1 \\ 0 & 0 & 0 \\ -1 & -2 & -1 \end{pmatrix}$$

$$H_{S_s} = \begin{pmatrix} 1 & 0 & -1 \\ 2 & 0 & -2 \\ 1 & 0 & -1 \end{pmatrix}.$$

Hier wird eine Differenzbildung jeweils zur übernächsten Zeile (Spalte) durchgeführt. Kleine Störungen benachbarter Zeilen (Spalten) gehen nicht in das Ergebnis ein (Abb. 2.8).

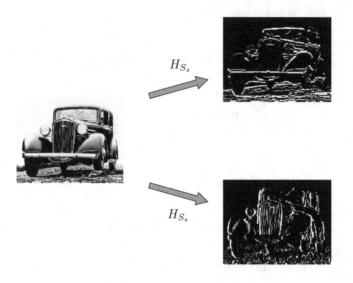

H_{S_z}

H_{S_s}

Abb. 2.8. Kantenhervorhebung mit der Sobel-Operation

Es gibt zahlreiche Faltungsoperationen, die Kanten in bestimmten Richtungen filtern.

2.14   **Beispiel 2.14: Filtern von Kanten in einer Vorzugsrichtung**
Sei wieder $L = M = 3$.
Ostwest-Richtung (horizontal):

$$H_{\text{OW}} = \begin{pmatrix} 1 & 1 & 1 \\ 1 & -2 & 1 \\ -1 & -1 & -1 \end{pmatrix}$$

Nordost-Richtung:

$$H_{\text{NO}} = \begin{pmatrix} 1 & 1 & 1 \\ -1 & -2 & 1 \\ -1 & -1 & 1 \end{pmatrix}$$

Nordsüd-Richtung (vertikal):

$$H_{\text{NS}} = \begin{pmatrix} -1 & 1 & 1 \\ -1 & -2 & 1 \\ -1 & 1 & 1 \end{pmatrix}$$

Südost-Richtung:

$$H_{\text{SO}} = \begin{pmatrix} -1 & -1 & 1 \\ -1 & -2 & 1 \\ 1 & 1 & 1 \end{pmatrix}$$

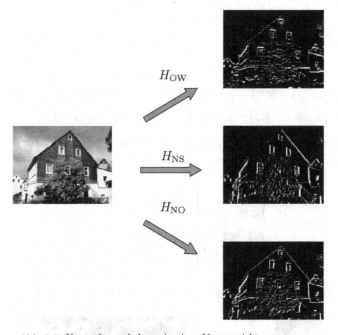

Abb. 2.9. Kantenhervorhebung in einer Vorzugsrichtung

Die folgende Operation ist richtungsunabhängig.

Beispiel 2.15: Laplace-Operation   2.15
Sei $L = M = 3$ und

$$H_L = \begin{pmatrix} 0 & -1 & 0 \\ -1 & 4 & -1 \\ 0 & -1 & 0 \end{pmatrix}$$

Diese Faltungsmatrix heißt Laplace-Operator. Er hebt Grauwertdifferenzen hervor und dient somit ebenfalls zur Bestimmung von Kanten.

Der Laplace-Operator kann mit Hilfe der zweiten partiellen Ableitungen interpretiert werden.

Für stetige Funktionen $s(x, y)$ ist der Laplace-Operator wie folgt definiert:

$$\Delta s = \frac{\partial^2 s(x,y)}{\partial x^2} + \frac{\partial^2 s(x,y)}{\partial y^2}$$

Im diskreten Fall erhalten wir:

$$\frac{\partial^2 g(i,j)}{\partial i^2} = \frac{\partial[g(i+1,j) - g(i,j)]}{\partial i} \quad \text{(Beispiel 2.10)}$$

$$= (g(i,j) - g(i+1,j)) - (g(i-1,j) - g(i,j)) \quad \text{(Beispiel 2.11)}$$

$$= -g(i-1,j) - g(i+1,j) + 2g(i,j)$$

$$\frac{\partial^2 g(i,j)}{\partial j^2} = \frac{\partial[g(i,j+1) - g(i,j)]}{\partial j}$$

$$= (g(i,j) - g(i,j+1)) - (g(i,j-1) - g(i,j))$$

$$= -g(i,j-1) - g(i,j+1) + 2g(i,j)$$

$$\Delta g = 4g(i,j) - g(i-1,j) - g(i,j-1) - g(i+1,j) - g(i,j+1)$$

Die letzte Gleichung führt zu den angegebenen Werten der Matrix H_L. Modifikationen sind

$$H_{L_1} = \begin{pmatrix} -1 & -1 & -1 \\ -1 & 8 & -1 \\ -1 & -1 & -1 \end{pmatrix} \quad \text{oder}$$

$$H_{L_2} = \begin{pmatrix} 1 & -2 & 1 \\ -2 & 4 & -2 \\ 1 & -2 & 1 \end{pmatrix}.$$

Diese Operatoren finden Kanten in beliebiger Richtung (Abbbildung 2.10).

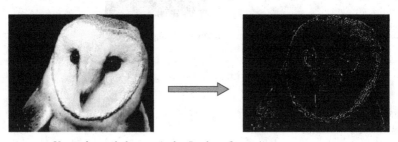

Abb. 2.10. Kantenhervorhebung mit der Laplace-Operation

Der folgende Operator ist sehr einfach und benutzt eine 2×2 Umgebung, ist also nicht symmetrisch bezüglich des Punktes (i, j).

Beispiel 2.16: Roberts-Operation   2.16

Wir verwenden die beiden folgenden Faltungskerne:

$$H_R^1 = \begin{pmatrix} 0 & 1 \\ -1 & 0 \end{pmatrix}$$

Der Bezugspunkt liegt rechts oben. Damit gilt

$$g_A(i, j) = g_E(i, j) - g_E(i - 1, j + 1).$$

$$H_R^2 = \begin{pmatrix} -1 & 0 \\ 0 & 1 \end{pmatrix}$$

Der Bezugspunkt liegt rechts unten. Damit gilt

$$g_A(i, j) = g_E(i, j) - g_E(i + 1, j + 1).$$

Diese Operationen filtern Kanten vorzugsweise in den beiden diagonalen Richtungen.

❯ 2.3.5 Separierbarkeit der linearen Faltung

Die Faltung mit größeren Matrizen kann oft auf die Hintereinanderausführung mit einfacheren Faltungskernen zurückgeführt werden.

Beispiel 2.17 Sei   2.17

$$H = \frac{1}{9} \begin{pmatrix} 1 & 1 & 1 \\ 1 & 1 & 1 \\ 1 & 1 & 1 \end{pmatrix}$$

$$H_1 = \frac{1}{3} \begin{pmatrix} 1 & 1 & 1 \end{pmatrix}$$

und

$$H_2 = \frac{1}{3} \begin{pmatrix} 1 \\ 1 \\ 1 \end{pmatrix}.$$

Dann gilt

$$H_2 * (H_1 * G) = H_1 * (H_2 * G) = H * G. \tag{2.4}$$

Ein weiteres Beispiel ist die Binomialoperation (Beispiel 2.6).

2.18   **Beispiel 2.18** Sei

$$H^B = \frac{1}{9} \begin{pmatrix} 1 & 2 & 1 \\ 2 & 4 & 2 \\ 1 & 2 & 1 \end{pmatrix}$$

$$H_1^B = \frac{1}{3} \begin{pmatrix} 1 & 2 & 1 \end{pmatrix}$$

und

$$H_2^B = \frac{1}{3} \begin{pmatrix} 1 \\ 2 \\ 1 \end{pmatrix}.$$

Dann gilt

$$H_2^B * (H_1^B * G) = H_1^B * (H_2^B * G) = H^B * G. \tag{2.5}$$

Auch die Gaußoperation (Abschnitt 2.3.3) ist separierbar.

2.3.6 Gradient und Kanten

Der Gradient stellt eine weitere Möglichkeit für die Untersuchung der lokalen Grauwertverteilung dar und kann deshalb auch zur Filterung von Kanten benutzt werden.

Ist $s(x, y)$ eine stetige Funktion zweier Veränderlicher, so ist er definiert durch:

$$\mathbf{grad}(s) = \left(\frac{\partial s}{\partial x} \frac{\partial s}{\partial y} \right)^T$$

Wir benötigen den Betrag

$$|\mathbf{grad}(s)| = \sqrt{\left(\frac{\partial s}{\partial x} \right)^2 + \left(\frac{\partial s}{\partial y} \right)^2}$$

dieses Vektors.

Wir können nun 2 Faltungskerne, die Kanten in aufeinaner senkrecht stehenden Richtungen filtern, kombinieren. Dadurch approximieren wir die beiden partiellen Ableitungen.

Beispiel 2.19: Gradientsobel   2.19
  Sei

$$H_{S_z} = (h_z(i,j))$$
$$H_{S_s} = (h_s(i,j)) \quad \text{mit} \quad i,j = -1,0,1 \quad \text{(siehe Beispiel 2.13)}$$

und

$$g_1(i,j) = \sum_{l=-\frac{L-1}{2}}^{\frac{L-1}{2}} \sum_{m=-\frac{M-1}{2}}^{\frac{M-1}{2}} h_z(l,m) \cdot g_E(i-l,j-m)$$

$$g_2(i,j) = \sum_{l=-\frac{L-1}{2}}^{\frac{L-1}{2}} \sum_{m=-\frac{M-1}{2}}^{\frac{M-1}{2}} h_s(l,m) \cdot g_E(i-l,j-m).$$

Dann berechnen wir das Ausgabebild G_A folgendermaßen:

$$g_A(i,j) = \sqrt{(g_1(i,j))^2 + (g_2(i,j))^2}$$

Man kann auch die beiden Roberts-Operationen (siehe Beispiel 2.16) nehmen.
Mit dem Gradientenfilter haben wir somit einen richtungsunabhängigen Operator, der allerdings nicht linear ist.
Oft wird in der Bildverarbeitung auch die Richtung des Gradienten benutzt.

Definition 2.7: lokale Strukturmatrix   2.7
Sei $G_z = H_z^S * G_E = (g_z(i,j))$ und $G_s = H_s^S * G_E = (g_s(i,j))$
(siehe Beispiel 2.12).
Die Matrix

$$m(i,j) = \begin{pmatrix} a(i,j) & c(i,j) \\ c(i,j) & b(i,j) \end{pmatrix}.$$

heißt lokale Strukturmatrix im Punkt (i,j). Dabei ist

$$A = G_z^2 = (a(i,j))$$
$$B = G_s^2 = (b(i,j))$$
$$C = G_z \cdot G_s = (c(i,j)).$$

Die Eigenwerte der Matrix $m(i,j)$ sind

$$\lambda_1(i,j) = a(i,j) + b(i,j)$$
$$\lambda_2(i,j) = 0.$$

Der von 0 verschiedene Eigenwert gibt also die Stärke der Grauwertänderung an der Stelle (i,j) an.

Der Eigenvektor zum Eigenwert $\lambda_1(i,j)$ ist gleich

$$x(i,j) = \begin{pmatrix} \sqrt{a(i,j)} \\ \sqrt{b(i,j)} \end{pmatrix}$$

und entspricht damit dem Gradienten.

❷ 2.3.7 Rangfolgeoperationen

Rangfolgeoperationen basieren darauf, dass die Bildwerte der N Bildpunkte des Eingabebildes G_E in einer vorgegebenen lokalen Umgebung U zu einem Bildpunkt (i,j) in aufsteigender Reihenfolge

$$g_{\min} = g_0 \le g_1 \le \cdots \le g_{N-2} \le g_{N-1} = g_{\max}$$

sortiert werden.

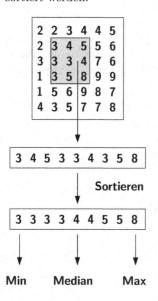

Abb. 2.11. Arbeitsweise der Rangfolgeoperationen

Je nachdem, durch welches Element $g_i (i = 0, \ldots, N-1)$ der geordneten Folge, der Bildpunkt $g_E(i,j)$ ersetzt wird, ergeben sich unterschiedliche Operationen (Abb. 2.11 und 2.12).

Definition 2.8: Minimaloperation   2.8

$$g_A(i,j) = g_{\min} = \min_{(i,j)\in U}\{g_E(i,j)\}$$

U – vorgegebene Umgebungsmenge

Er entfernt Spitzen hoher Grauwerte, ohne ein unscharfes Gesamtbild zu erzeugen, aber vergrößert die Flecken niedriger Grauwerte.

Definition 2.9: Maximaloperation   2.9

$$g_A(i,j) = g_{\max} = \max_{(i,j)\in U}\{g_E(i,j)\}$$

Er entfernt kleine Flecken sehr niedriger Grauwerte, aber er vergrößert die Spitzen hoher Grauwerte.

Definition 2.10: Medianoperation   2.10

$$g_A(i,j) = g_{\left[\frac{N}{2}\right]}$$

$\left[\frac{N}{2}\right]$ – ganzzahliger Teil von $\frac{N}{2}$.

Entfernt punktförmige Gebilde (hohe bzw. sehr niedrige Grauwerte) ohne ein unscharfes Bild zu erzeugen. Der Medianoperator hat gegenüber dem Tiefpassfilter den Vorteil, dass im Ausgabebild keine neuen Grauwerte entstehen. Kanten bleiben schärfer erhalten als beim Tiefpassfilter. Dünne Linien können allerdings ganz verschwinden.

❯ 2.3.8 Auffinden von Eckpunkten

Wir beschreiben hier den Harris-Operator zur Eckendetektion [19]. Ausgangspunkt ist die lokale Strukturmatrix $m(i,j)$ aus Abschnitt 2.3.6.
Die Matrizen A, B und C werden mit einem Gaußoperator H^G geglättet. Also

$$\overline{A} = H^G * A = (\overline{a}(i,j))$$
$$\overline{B} = H^G * B = (\overline{b}(i,j))$$
$$\overline{C} = H^G * C = (\overline{c}(i,j)).$$

Abb. 2.12. Rangfolgeoperationen

Dann betrachten wir die Matrix

$$\overline{m}(i,j) = \begin{pmatrix} \overline{a}(i,j) & \overline{c}(i,j) \\ \overline{c}(i,j) & \overline{b}(i,j). \end{pmatrix}.$$

Die Eigenwerte sind

$$\lambda_{1,2} = \frac{\mathrm{spur}(\overline{m})}{2} \pm \sqrt{\frac{\mathrm{spur}(\overline{m})^2}{4} - \det(\overline{m})},$$

wobei

$$\mathrm{spur}(\overline{m}) = \overline{a} + \overline{b}.$$

Die Argumente i und j haben wir der Einfachheit weggelassen.
Falls beide Eigenwerte größer als Null sind an der Stelle (i,j), deutet dies auf einem Eckpunkt hin.
Davon ausgehend betrachtet der Harris Detektor die Funktion

$$Q(i,j) = \det(\overline{m}(i,j)) - \alpha \cdot (\mathrm{spur}(\overline{m}(i,j)))^2.$$

Falls $Q(i,j) > T$, liegt ein Kandidat für einen Eckpunkt vor ($T \approx 25000$). Für α kann man 0.05 wählen.

❯ 2.3.9 Aufgaben

Aufgabe 2.3.1 Sei

2.3.1

$$G_E = \begin{pmatrix} 0 & 0 & 0 & 0 & 0 & 0 & 0 & 0 \\ 0 & 1 & 2 & 3 & 3 & 2 & 1 & 0 \\ 0 & 1 & 2 & 3 & 3 & 2 & 1 & 0 \\ 0 & 1 & 2 & 100 & 3 & 2 & 1 & 0 \\ 0 & 1 & 2 & 3 & 3 & 2 & 1 & 0 \\ 0 & 1 & 2 & 3 & 3 & 2 & 1 & 0 \\ 0 & 1 & 2 & 3 & 3 & 2 & 1 & 0 \\ 0 & 0 & 0 & 0 & 0 & 0 & 0 & 0 \end{pmatrix}$$

das Eingabebild. Berechnen Sie die Mittelwertoperation

$$H_M * G_E$$

(siehe Beispiel 2.5) und interpretieren Sie das Ergebnis.

Aufgabe 2.3.2 Sei

2.3.2

$$G_E = \begin{pmatrix} 0 & 0 & 0 & 30 & 30 & 30 & 30 & 30 \\ 0 & 0 & 0 & 30 & 30 & 30 & 30 & 30 \\ 0 & 0 & 0 & 30 & 30 & 30 & 30 & 30 \\ 0 & 0 & 0 & 30 & 30 & 30 & 30 & 30 \\ 0 & 0 & 0 & 30 & 30 & 30 & 30 & 30 \\ 0 & 0 & 0 & 30 & 30 & 30 & 30 & 30 \\ 0 & 0 & 0 & 30 & 30 & 30 & 30 & 30 \\ 0 & 0 & 0 & 30 & 30 & 30 & 30 & 30 \end{pmatrix}$$

das Eingabebild. Berechnen Sie die Mittelwertoperation

$$H_M * G_E$$

(siehe Beispiel 2.5) und interpretieren Sie das Ergebnis.

2.3.3   **Aufgabe 2.3.3** Sei

$$
G_E = \begin{pmatrix}
30 & 30 & 0 & 30 & 30 & 0 & 30 & 30 \\
30 & 30 & 0 & 30 & 30 & 0 & 30 & 30 \\
30 & 30 & 0 & 30 & 30 & 0 & 30 & 30 \\
30 & 30 & 0 & 30 & 30 & 0 & 30 & 30 \\
30 & 30 & 0 & 30 & 30 & 0 & 30 & 30 \\
30 & 30 & 0 & 30 & 30 & 0 & 30 & 30 \\
30 & 30 & 0 & 30 & 30 & 0 & 30 & 30 \\
30 & 30 & 0 & 30 & 30 & 0 & 30 & 30
\end{pmatrix}
$$

das Eingabebild. Berechnen Sie die Mittelwertoperation

$$
H_M * G_E
$$

(siehe Beispiel 2.5) und interpretieren Sie das Ergebnis.

2.3.4   **Aufgabe 2.3.4** Sei

$$
G_E = \begin{pmatrix}
0 & 0 & 0 & 0 & 0 & 0 & 0 & 0 \\
0 & 1 & 2 & 3 & 3 & 2 & 1 & 0 \\
0 & 1 & 2 & 3 & 3 & 2 & 1 & 0 \\
0 & 1 & 2 & 100 & 3 & 2 & 1 & 0 \\
0 & 1 & 2 & 3 & 3 & 2 & 1 & 0 \\
0 & 1 & 2 & 3 & 3 & 2 & 1 & 0 \\
0 & 1 & 2 & 3 & 3 & 2 & 1 & 0 \\
0 & 0 & 0 & 0 & 0 & 0 & 0 & 0
\end{pmatrix}
$$

das Eingabebild. Wenden Sie auf dieses Bild die Medianoperation an (siehe Abschnitt 2.3.7) und interpretieren Sie das Ausgabebild.
Vergleichen Sie das Ergebnis mit Aufgabe 2.3.1.

2.3.5   **Aufgabe 2.3.5** Sei

$$
G_E = \begin{pmatrix}
0 & 0 & 0 & 30 & 30 & 30 & 30 & 30 \\
0 & 0 & 0 & 30 & 30 & 30 & 30 & 30 \\
0 & 0 & 0 & 30 & 30 & 30 & 30 & 30 \\
0 & 0 & 0 & 30 & 30 & 30 & 30 & 30 \\
0 & 0 & 0 & 30 & 30 & 30 & 30 & 30 \\
0 & 0 & 0 & 30 & 30 & 30 & 30 & 30 \\
0 & 0 & 0 & 30 & 30 & 30 & 30 & 30 \\
0 & 0 & 0 & 30 & 30 & 30 & 30 & 30
\end{pmatrix}
$$

das Eingabebild. Wenden Sie auf dieses Bild die Medianoperation an (siehe Abschnitt 2.3.7) und interpretieren Sie das Ausgabebild.

Vergleichen Sie das Ergebnis mit Aufgabe 2.3.2.

Aufgabe 2.3.6 Sei   2.3.6

$$G_E = \begin{pmatrix} 20 & 20 & 20 & 0 & 0 & 0 & 0 & 0 \\ 20 & 20 & 20 & 0 & 0 & 0 & 0 & 0 \\ 20 & 20 & 20 & 0 & 0 & 0 & 0 & 0 \\ 20 & 20 & 20 & 0 & 0 & 0 & 0 & 0 \\ 20 & 20 & 20 & 0 & 0 & 0 & 0 & 0 \\ 20 & 20 & 20 & 0 & 0 & 0 & 0 & 0 \\ 20 & 20 & 20 & 0 & 0 & 0 & 0 & 0 \\ 20 & 20 & 20 & 0 & 0 & 0 & 0 & 0 \end{pmatrix}$$

das Eingabebild. Wenden Sie auf dieses Bild die Kantenfilter

$$H_z^1 * G_E$$

und

$$H_s^1 * G_E$$

(siehe Beispiel 2.11) an und interpretieren Sie die Ausgabebilder.

Aufgabe 2.3.7 Sei   2.3.7

$$G_E = \begin{pmatrix} 20 & 20 & 20 & 20 & 20 & 20 & 20 & 20 \\ 20 & 20 & 20 & 20 & 20 & 20 & 20 & 20 \\ 20 & 20 & 20 & 20 & 20 & 20 & 20 & 20 \\ 0 & 0 & 0 & 0 & 0 & 0 & 0 & 0 \\ 0 & 0 & 0 & 0 & 0 & 0 & 0 & 0 \\ 0 & 0 & 0 & 0 & 0 & 0 & 0 & 0 \\ 0 & 0 & 0 & 0 & 0 & 0 & 0 & 0 \\ 0 & 0 & 0 & 0 & 0 & 0 & 0 & 0 \end{pmatrix}$$

das Eingabebild. Wenden Sie auf dieses Bild die Kantenfilter

$$H_z^1 * G_E$$

und

$$H_s^1 * G_E$$

(siehe Beispiel 2.11) an und interpretieren Sie die Ausgabebilder.

Aufgabe 2.3.8 Sei

$$G_E = \begin{pmatrix} 0 & 0 & 0 & 0 & 0 & 20 & 20 & 20 \\ 0 & 0 & 0 & 0 & 0 & 20 & 20 & 20 \\ 0 & 0 & 0 & 0 & 0 & 20 & 20 & 20 \\ 0 & 0 & 0 & 0 & 0 & 20 & 20 & 20 \\ 0 & 0 & 0 & 0 & 0 & 20 & 20 & 20 \\ 0 & 0 & 0 & 0 & 0 & 20 & 20 & 20 \\ 0 & 0 & 0 & 0 & 0 & 20 & 20 & 20 \\ 0 & 0 & 0 & 0 & 0 & 20 & 20 & 20 \end{pmatrix}$$

das Eingabebild. Wenden Sie auf dieses Bild die Kantenfilter

$$H_z^1 * G_E$$

und

$$H_s^1 * G_E$$

(siehe Beispiel 2.11) an und interpretieren Sie die Ausgabebilder.

Aufgabe 2.3.9 Sei

$$G_E = \begin{pmatrix} 0 & 0 & 0 & 0 & 20 & 0 & 0 & 0 \\ 0 & 0 & 0 & 0 & 20 & 0 & 0 & 0 \\ 0 & 0 & 0 & 0 & 20 & 0 & 0 & 0 \\ 0 & 0 & 0 & 0 & 20 & 0 & 0 & 0 \\ 0 & 0 & 0 & 0 & 20 & 0 & 0 & 0 \\ 0 & 0 & 0 & 0 & 20 & 0 & 0 & 0 \\ 0 & 0 & 0 & 0 & 20 & 0 & 0 & 0 \\ 0 & 0 & 0 & 0 & 20 & 0 & 0 & 0 \end{pmatrix}$$

das Eingabebild. Wenden Sie auf dieses Bild die Kantenfilter

$$H_z^1 * G_E$$

und

$$H_s^1 * G_E$$

(siehe Beispiel 2.11) an und interpretieren Sie die Ausgabebilder.

Aufgabe 2.3.10 Sei   2.3.10

$$G_E = \begin{pmatrix} 0 & 0 & 0 & 0 & 0 & 20 & 20 & 20 \\ 0 & 0 & 0 & 0 & 0 & 20 & 20 & 20 \\ 0 & 0 & 0 & 0 & 0 & 20 & 20 & 20 \\ 0 & 0 & 0 & 0 & 0 & 20 & 20 & 20 \\ 0 & 0 & 0 & 0 & 0 & 20 & 20 & 20 \\ 0 & 0 & 0 & 0 & 0 & 20 & 20 & 20 \\ 0 & 0 & 0 & 0 & 0 & 20 & 20 & 20 \\ 0 & 0 & 0 & 0 & 0 & 20 & 20 & 20 \end{pmatrix}$$

das Eingabebild. Wenden Sie auf dieses Bild den Kantenfilter

$$H_s^S * G_E$$

(siehe Beispiel 2.12) an und interpretieren Sie das Ergebnis.

Aufgabe 2.3.11 Sei   2.3.11

$$G_E = \begin{pmatrix} 0 & 0 & 0 & 0 & 0 & 20 & 20 & 20 \\ 0 & 0 & 0 & 0 & 0 & 20 & 20 & 20 \\ 0 & 0 & 0 & 0 & 0 & 20 & 20 & 20 \\ 0 & 0 & 0 & 0 & 0 & 20 & 20 & 20 \\ 0 & 0 & 0 & 0 & 0 & 20 & 20 & 20 \\ 0 & 0 & 0 & 0 & 0 & 20 & 20 & 20 \\ 0 & 0 & 0 & 0 & 0 & 20 & 20 & 20 \\ 0 & 0 & 0 & 0 & 0 & 20 & 20 & 20 \end{pmatrix}$$

das Eingabebild. Berechnen Sie die Laplaceoperation

$$H_L * G_E$$

(siehe Beispiel 2.15) und interpretieren Sie das Ergebnis.

Aufgabe 2.3.12 Sei   2.3.12

$$G_E = \begin{pmatrix} 20 & 20 & 20 & 20 & 20 & 20 & 20 & 20 \\ 20 & 20 & 20 & 20 & 20 & 20 & 20 & 20 \\ 20 & 20 & 20 & 20 & 20 & 20 & 20 & 20 \\ 0 & 0 & 0 & 0 & 0 & 0 & 0 & 0 \\ 0 & 0 & 0 & 0 & 0 & 0 & 0 & 0 \\ 0 & 0 & 0 & 0 & 0 & 0 & 0 & 0 \\ 0 & 0 & 0 & 0 & 0 & 0 & 0 & 0 \\ 0 & 0 & 0 & 0 & 0 & 0 & 0 & 0 \end{pmatrix}$$

das Eingabebild. Berechnen Sie die Laplaceoperation

$$H_L * G_E$$

(siehe Beispiel 2.15) und interpretieren Sie das Ergebnis.

2.3.13   **Aufgabe 2.3.13** Überprüfen Sie die Gleichung (2.4) aus Beispiel 2.17.

2.3.14   **Aufgabe 2.3.14** Überprüfen Sie die Gleichung (2.5) aus Beispiel 2.18.

2.3.15   **Aufgabe 2.3.15** Finden Sie Verallgemeinerungen der Gleichungen (2.4) und (2.5).

2.3.16   **Aufgabe 2.3.16** Untersuchen Sie den Harris-Operator zur Eckendetektion (Abschnitt 2.3.8) für das Eingabebild

$$G_E = \begin{pmatrix} 0\,0\,0\,0\,0\,0\,0\,0 \\ 0\,0\,0\,0\,0\,0\,0\,0 \\ 0\,0\,1\,1\,1\,1\,1\,0 \\ 0\,0\,1\,1\,1\,1\,1\,0 \\ 0\,0\,1\,1\,1\,1\,1\,0 \\ 0\,0\,1\,1\,1\,1\,1\,0 \\ 0\,0\,0\,0\,0\,0\,0\,0 \\ 0\,0\,0\,0\,0\,0\,0\,0 \end{pmatrix}$$

2.4

2.4 Globale Operationen

Wir behandeln nur eine globale Operation, die Fourier-Transformierte. Eine andere wichtige Transformation sind Wavelets, auf die wir aber nicht weiter eingehen. Gute Darstellungen findet man in [5] und [14].

❯ 2.4.1 Grundidee

Wenn man ein Berechnungsproblem zu lösen hat, das ein bestimmtes mathematisches Objekt X betrifft, ist es manchmal möglich, X in ein anderes Objekt zu transformieren und ein (verwandtes) Problem mit dem neu transformierten Objekt zu lösen.

Beispiel 2.20 Seien X und Y reelle Zahlen. Um das Produkt $X \cdot Y$ zu berechnen, betrachtet man die Logarithmen von X und Y. Diese braucht man dann nur zu addieren und die Rücktransformation ergibt das gesuchte Produkt. Transformation:

2.20

$$X \longrightarrow \log X = X_T$$

$$Y \longrightarrow \log Y = Y_T$$

Addition:

$$X_T + Y_T = Z_T$$

Rücktransformation:

$$Z_T \longrightarrow Z = X \cdot Y$$

Wenn X eine reellwertige Funktion ist, dann ist es bei bestimmten Problemen sinnvoll, die Fourier-Transformierte von X zu nehmen, bevor man fortfährt. Diese Idee wird bei der Bildverarbeitung oft benutzt.

2.4.2 Diskrete zweidimensionale Fouriertransformation

Sei Q_{IJ} die Menge aller $I \cdot J$-Matrizen, wobei die Elemente einer Matrix auch komplexe Zahlen sein können, d.h.:

$$A \in Q_{IJ} \quad \Rightarrow \quad A = (a(i,j))$$

$$i = 0, \ldots, I-1; \quad j = 0, \ldots, J-1; \quad a(i,j) \in C$$

$$C - \text{komplexe Zahlen} \quad (z = a + b \cdot i)$$

Wir benutzen hier i sowohl als Zeilenindex als auch für die komplexe Zahl $i = \sqrt{-1}$. Aus dem Kontext wird die zugehörige Bedeutung aber immer klar. Q_{IJ} wird zu einem linearen Raum (Vektorraum) über dem Körper C der komplexen Zahlen, wenn die übliche Addition von 2 Matrizen und die Multiplikation einer komplexen Zahl mit einer Matrix eingeführt werden.

— Addition:

$$S = (s(i,j)); \quad T = (t(i,j)) \quad \Rightarrow \quad S + T = (s(i,j) + t(i,j))$$

— Multiplikation:

$$a \in C; \quad S = (s(i,j)) \quad \Rightarrow \quad a \cdot S = (a \cdot s(i,j))$$

Schließlich definieren wir noch ein Skalarprodukt

$$\langle S, T \rangle = \frac{1}{I \cdot J} \sum_{i=0}^{I-1} \sum_{j=0}^{J-1} s(i,j) \cdot t^*(i,j),$$

wobei mit $t^*(i,j)$ die konjugiert komplexe Zahl zu $t(i,j)$ bezeichnet wird. Wenn

$$z = a + b \cdot i \in C$$

dann ist

$$z^* = a - b \cdot i.$$

Damit ist Q_{IJ} ein unitärer Raum über dem Körper C der komplexen Zahlen. Die Elemente S von Q_{IJ} sind als Linearkombinationen von $M = I \cdot J$ linear unabhängigen Basismatrizen

$$B^{(u,v)} = \left(b(i,j)^{(u,v)} \right)$$

$$u = 0, \ldots, I - 1; \quad v = 0, \ldots, J - 1$$

(einer Basis) darstellbar, d.h.:

$$s(i,j) = \sum_{u=0}^{I-1} \sum_{v=0}^{J-1} f(u,v) \cdot b(i,j)^{(u,v)}$$

$$i = 0, \ldots, I - 1; \quad j = 0, \ldots, J - 1; \quad f(u,v) \in C \quad \text{für alle} \quad u, v$$

Eine Basis heißt orthonormiert, falls:

$$\left\langle B^{(u_1, v_1)}, B^{(u_2, v_2)} \right\rangle = \begin{cases} 0 \\ 1 \end{cases} \text{falls} \quad \begin{array}{l} (u_1, v_1) \neq (u_2, v_2) \\ (u_1, v_1) = (u_2, v_2) \end{array}$$

2.1   **Satz 2.1** Die Matrizen

$$B^{(u,v)} = \left(e^{2\pi i \left(\frac{iu}{I} + \frac{jv}{J} \right)} \right) \quad \text{mit} \quad u = 0, \ldots, I - 1; \quad v = 0, \ldots, J - 1 \quad (2.6)$$

sind linear unabhängig und orthonormiert ($i = \sqrt{-1}$) und bilden eine Basis im Raum Q_{IJ}.

Beispiel 2.21 Sei $I = J = 2$. Dann erhalten wir

$$B^{(0,0)} = \begin{pmatrix} 1 & 1 \\ 1 & 1 \end{pmatrix}$$

$$B^{(0,1)} = \begin{pmatrix} 1 & e^{i\pi} \\ 1 & e^{i\pi} \end{pmatrix} = \begin{pmatrix} 1 & -1 \\ 1 & -1 \end{pmatrix}$$

(wegen $e^{i\pi} = \cos(\pi) + i \cdot \sin(\pi) = -1$)

$$B^{(1,0)} = \begin{pmatrix} 1 & 1 \\ -1 & -1 \end{pmatrix}$$

$$B^{(1,1)} = \begin{pmatrix} 1 & -1 \\ -1 & 1 \end{pmatrix}.$$

Für die lineare Unabhängigkeit ist zu zeigen:

$$a \cdot B^{(0,0)} + b \cdot B^{(0,1)} + c \cdot B^{(1,0)} + d \cdot B^{(1,1)} = \begin{pmatrix} 0 & 0 \\ 0 & 0 \end{pmatrix} \quad \Rightarrow \quad a = b = c = d = 0$$

Die folgende einfache Rechnung zeigt die lineare Unabhängigkeit der obigen 4 Basismatrizen:

$$a + b + c + d = 0$$
$$a - b + c - d = 0$$
$$a + b - c - d = 0$$
$$a - b - c + d = 0$$

$$a + c = 0$$
$$a + b = 0$$
$$a + d = 0$$

$$\Rightarrow \quad a - a - a - a = 0 \quad \Rightarrow \quad a = 0 \quad \Rightarrow \quad c = b = d = 0$$

Die Basis ist auch orthonomiert, z.B. gilt:

$$\left\langle B^{(0,1)}, B^{(0,1)} \right\rangle = \frac{1}{4} \left(1 \cdot 1 + (-1)(-1) + 1 \cdot 1 + (-1)(-1) \right) = 1$$

$$\left\langle B^{(0,1)}, B^{(1,0)} \right\rangle = \frac{1}{4} \left(1 \cdot 1 + (-1) \cdot 1 + 1 \cdot (-1) + (-1)(-1) \right) = 0$$

Satz 2.2 Jede $I \cdot J$-Matrix $S = (s(i,j))$ kann als Linearkombination der Basismatrizen (2.6) dargestellt werden, d.h.,

$$s(i,j) = \sum_{u=0}^{I-1} \sum_{v=0}^{J-1} f(u,v) \cdot e^{2\pi i \left(\frac{i \cdot u}{I} + \frac{j \cdot v}{J} \right)} \tag{2.7}$$

mit $i = 0, \ldots, I-1; \quad j = 0, \ldots, J-1$.

Die Linearfaktoren $f(u,v) \in C$ berechnen sich aus

$$f(u,v) = \frac{1}{I \cdot J} \sum_{i=0}^{I-1} \sum_{j=0}^{J-1} s(i,j) \cdot e^{-2\pi i \left(\frac{i \cdot u}{I} + \frac{j \cdot v}{J} \right)} \tag{2.8}$$

mit $u = 0, \ldots, I-1; \quad v = 0, \ldots, J-1$.

Damit gilt

$$f(u,v) = \left\langle S, B^{(u,v)} \right\rangle.$$

Definition 2.11: Fouriertransformation

Gleichung (2.8) wird als diskrete, zweidimensionale Fouriertransformation und Gleichung (2.7) als inverse, diskrete, zweidimensionale Fouriertransformation bezeichnet. Die Matrizen $S = (s(i,j))$ und $F = (f(u,v))$ sind ein Fouriertransformationspaar und F heißt die Fouriertransformierte von S. Wir benutzen die Bezeichnung $F = FT(S)$.

Beispiel 2.22 Sei $I = J = 2$ und

$$S = \begin{pmatrix} 1 & 2 \\ 3 & 4 \end{pmatrix}.$$

Dann ist

$$F = (f(u,v)) = \begin{pmatrix} \frac{5}{2} & -\frac{1}{2} \\ -1 & 0 \end{pmatrix},$$

wegen

$$f(0,0) = \left\langle \begin{pmatrix} 1 & 2 \\ 3 & 4 \end{pmatrix}, \begin{pmatrix} 1 & 1 \\ 1 & 1 \end{pmatrix} \right\rangle = \frac{1}{4}(1 + 2 + 3 + 4) = \frac{5}{2}$$

$$f(0,1) = \left\langle \begin{pmatrix} 1 & 2 \\ 3 & 4 \end{pmatrix}, \begin{pmatrix} 1 & -1 \\ 1 & -1 \end{pmatrix} \right\rangle = \frac{1}{4}(1 - 2 + 3 - 4) = -\frac{1}{2}$$

$$f(1,0) = \left\langle \begin{pmatrix} 1 & 2 \\ 3 & 4 \end{pmatrix}, \begin{pmatrix} 1 & 1 \\ -1 & -1 \end{pmatrix} \right\rangle = \frac{1}{4}(1 + 2 - 3 - 4) = -1$$

$$f(1,1) = \left\langle \begin{pmatrix} 1 & 2 \\ 3 & 4 \end{pmatrix}, \begin{pmatrix} 1 & -1 \\ -1 & 1 \end{pmatrix} \right\rangle = \frac{1}{4}(1 - 2 - 3 + 4) = 0.$$

Wir erweitern nun die Definition der Fouriertransformation auf die gesamte diskrete zweidimensionale Ebene.

Definition 2.12 Mit Q_{IJ}^Z bezeichnen wir die Menge aller Funktionen   **2.12**

$$S' : Z \times Z \to C \qquad (Z - \text{ganze Zahlen}),$$

$$S' = (s'(i,j)) \quad \text{mit} \quad i,j = \ldots, -2, -1, 0, 1, 2, \ldots$$

mit folgenden Eigenschaften:

$$\exists I, J \in \{1, 2, \ldots\} \quad \text{mit} \quad s'(a \cdot I + i, b \cdot J + j) = s'(i,j)$$

$$\forall a, b \in Z \quad \text{und} \quad \forall i \in \{0, \ldots, I-1\} \quad \text{und} \quad \forall j \in \{0, \ldots, J-1\}$$

Die Funktionen aus Q_{IJ}^Z sind periodisch in i- und j-Richtung mit den Perioden I bzw. J.

Definition 2.13: periodische Fortsetzung   **2.13**
Sei

$$S \in Q_{IJ}; \quad S = (s(i,j)).$$

Wir konstruieren eine Funktion

$$S' = (s'(i,j)) : Z \times Z \to C \quad (\text{d.h.} \quad S' \in Q_{IJ}^Z)$$

mit:

$$s'(a \cdot I + i, b \cdot J + j) = s(i,j)$$

$$i = 0, \ldots, I - 1; \quad j = 0, \ldots, J - 1; \quad a, b \in Z$$

S' heißt periodische Fortsetzung (Erweiterung) von S.

2.14   **Definition 2.14**
Sei $S' \in Q_{IJ}^{Z}$.
$S \in Q_{IJ}$ definieren wir durch

$$s(i,j) := s'(i,j) \quad \text{für} \quad i = 0, \ldots, I - 1; \quad j = 0, \ldots, J - 1.$$

$F = (f(u,v))$ sei die FT von $S = (s(i,j))$. Dann definieren wir die FT

$$F' : Z \times Z \to C \quad (F' = (f'(u,v)))$$

von S' durch:

$$f'(a \cdot I + u, b \cdot J + v) = f(u,v)$$

$$u = 0, \ldots, I - 1; \quad v = 0, \ldots, J - 1; \quad a, b \in Z.$$

Es gilt also $F' \in Q_{IJ}^{Z}$.

❯ 2.4.3 Anwendung der Fouriertransformation in der Bildverarbeitung

Eine Bildmatrix $G = (g(i,j))$ mit I Bildzeilen und J Bildspalten ist ein Element der Menge Q_{IJ}. Damit können auf Bilder die Transformationen (2.7) und (2.8) angewendet werden. Für die bildliche Darstellung von $F = (f(u,v))$ verwendet man dann den Betrag

$$|f(u,v)| = \sqrt{p^2(u,v) + t^2(u,v)}.$$

Manchmal benutzt man auch die Größen

$$\ln|f(u,v)|, \quad |f(u,v)|^2, \quad \phi(u,v) = \arctan\left(\frac{t(u,v)}{p(u,v)}\right).$$

Dabei ist

$$f(u, v) = p(u, v) + i \cdot t(u, v).$$

Die komplexen Zahlen $f(u, v)$ heißen Ortsfrequenzen und $|f(u, v)|$ heißt Fourierspektrum oder Spektrum der Ortsfrequenzen.

Manche Eigenschaften eines Bildes können mit Hilfe der Frequenzen $f(u, v)$ besser erkannt werden. Die Ortsfrequenzen charakterisieren periodische Wiederholungen im Ausgabebild (Abb. 2.13).

Es ist üblich, den Koordinatenursprung $(0, 0)$ des Spektrums zentriert darzustellen, mit den Koordinaten u, v im Bereich

$$-\left[\frac{I}{2}\right] \leq u \leq \left[\frac{I-1}{2}\right]$$

$$-\left[\frac{J}{2}\right] \leq v \leq \left[\frac{J-1}{2}\right].$$

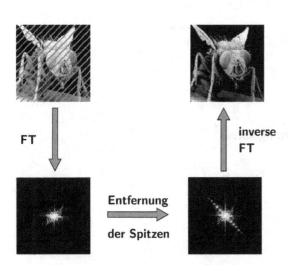

Abb. 2.13. Die Fouriertransformation eignet sich zum Entfernen von periodischen Bildstörungen

Bei einer Verschiebung eines Objektes im Bild ändern sich die Werte $|f(u, v)|$ nicht.

❯ 2.4.4 Faltungssatz

Wir können nun die Faltung aus Abschnitt 2.3.1 (Definition 2.6) genauer definieren.

2.15   **Definition 2.15: Faltung**

Seien $f, h \in Q_{IJ}^Z$. Die Funktion $g \in Q_{IJ}^Z$ mit

$$g(i,j) = \frac{1}{I \cdot J} \sum_{k=0}^{I-1} \sum_{l=0}^{J-1} f(k,l) \cdot h(i-k, j-l)$$

heißt Faltung der Funktionen f und h.

Wir benutzen die übliche Bezeichnung

$$g = f * h.$$

Anmerkung 2.4.1 Die Faltung kann man als Multiplikation im Raum Q_{IJ}^Z auffassen.

2.3   **Satz 2.3 (Faltungssatz)** Für alle $f, h \in Q_{IJ}^Z$ gilt

$$FT(f * h) = FT(f) \cdot FT(h).$$

❯ 2.4.5 Anwendung des Faltungssatzes

Sei

$$G_E = (g_E(i,j))$$

ein Eingabebild und

$$G_A = (g_A(i,j))$$

das Ausgabebild, sowie

$$K = (k(i,j))$$

eine beliebige Matrix, die wir Impulsantwort nennen
($i = 0, \ldots, I - 1; \quad j = 0, \ldots, J - 1$).
G_E, G_A und K setzen wir periodisch fort und nehmen deshalb an

$$G_E, G_A, K \in Q_{IJ}^Z.$$

Weiter sei

$$H = FT(K)$$

die Fouriertransformierte von K. $H = (h(u,v))$ heißt Übertragungsfunktion.
Schließlich sei

$$F_E = (f_E(u,v))$$

die FT von G_E.
Die Faltung

$$K * G_E = G_A$$

lässt sich auf das Produkt der Funktionen

$$h(u,v) \cdot f_E(u,v)$$

zurückführen, denn es gilt:

$$
\begin{aligned}
G_A &= FT^{-1}\left[FT(K * G_E)\right] \\
&= FT^{-1}\left[FT(K) \cdot FT(G_E)\right] \qquad \text{(Faltungssatz)} \\
&= FT^{-1}\left[H \cdot F_E\right] \\
\Rightarrow \quad g_A(i,j) &= FT^{-1}\left[h(u,v) \cdot f_E(u,v)\right]
\end{aligned}
$$

Anmerkung 2.4.2 Man hat zwei Möglichkeiten, ein Bild zu manipulieren (Abb.
2.14 und 2.15):
1. Durch die Faltung mit der Impulsantwort K

$$G_A = K * G_E.$$

2. Durch die Multiplikation mit einer Übertragungsfunktion H (hier benötigt
   man die Fouriertransformation)

$$g_A(i,j) = FT^{-1}\left[h(u,v) \cdot f_E(u,v)\right].$$

2.4.6 Schnelle Fouriertransformation – FFT

Die Berechnung der Fouriertransformation

$$f(u,v) = \frac{1}{I \cdot J} \sum_{i=0}^{I-1} \sum_{j=0}^{J-1} s(i,j) \cdot e^{-2\pi i\left(\frac{i \cdot u}{I} + \frac{j \cdot v}{J}\right)}$$

lässt sich sehr effizient durchführen.

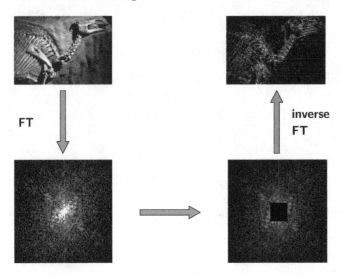

Abb. 2.14. Beim Entfernen des mittleren Bereiches innerhalb der Fouriertransformation können Kanten im Bild hervorgehoben werden.

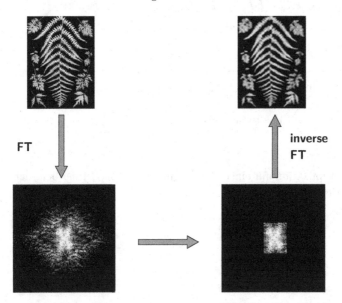

Abb. 2.15. Beim Entfernen des äußeren Bereiches innerhalb der Fouriertransformation können Bildstörungen analog zur Mittelwertoperation im Bild behandelt werden. Es entsteht aber ein unscharfes Bild.

Zunächst gilt

$$f(u,v) = \frac{1}{I \cdot J} \sum_{i=0}^{I-1} \left(\sum_{j=0}^{J-1} s(i,j) \cdot e^{-2\pi i \frac{j \cdot v}{J}} \right) e^{-2\pi i \frac{i \cdot u}{I}},$$

d.h. wir können die zweidimensionale diskrete FT auf mehrere eindimensionale diskrete FT der Art

$$f(k) = \sum_{t=0}^{N-1} g(t) \cdot e^{-2\pi i \frac{k \cdot t}{N}}, \quad k = 0, \dots, N-1 \qquad (2.9)$$

zurückführen.

Im ersten Schritt setzen wir

$$k = v$$
$$t = j$$
$$N = J$$
$$g(t) = s(i,t)$$

und berechnen für alle $i = 0, \dots, I-1$ die Funktionen

$$f_1(i,v) = \sum_{j=0}^{J-1} s(i,j) \cdot e^{-2\pi i \frac{j \cdot v}{J}}, \quad v = 0, \dots, J-1.$$

Danach setzen wir

$$k = u$$
$$t = i$$
$$N = I$$
$$g(t) = f_1(t,v)$$

und berechnen für alle $v = 0, \dots, J-1$ die Funktionen

$$f_2(u,v) = \sum_{i=0}^{I-1} f_1(i,v) \cdot e^{-2\pi i \frac{i \cdot u}{I}}, \quad u = 0, \dots, J-1.$$

Schließlich erhalten wir

$$f(u,v) = \frac{1}{I \cdot J} \cdot f_2(u,v).$$

Wir arbeiten also die Eingabematrix $S = (s(i,j))$ erst zeilenweise und dann spaltenweise ab.

Nun zeigen wir, wie man die eindimensionale diskrete Fouriertransformation (2.9) rekursiv berechnen kann.

Dabei nehmen wir an, dass

$$N = 2^p$$

eine Potenz von 2 ist. Für andere N gibt es ebenfalls Rekursionsformeln (Aufgabe 2.4.14).

Sei

$$W_N = e^{-\frac{2\pi i}{N}},$$

dann gilt

$$W_N^2 = e^{-\frac{2\pi i}{N/2}}.$$

Für $k < \frac{N}{2}$ gilt nun

$$f(k) = \sum_{t=0,2,4}^{N-2} g(t) \cdot W_N^{tk} + \sum_{t=1,3}^{N-1} g(t) \cdot W_N^{tk} \tag{2.10}$$

$$= \sum_{t=0}^{\frac{N}{2}-1} g(2t) \cdot W_N^{2tk} + \sum_{t=0}^{\frac{N}{2}-1} g(2t+1) \cdot W_N^{(2t+1)k} \tag{2.11}$$

$$= \sum_{t=0}^{\frac{N}{2}-1} g(2t) \cdot W_{N/2}^{tk} + W_N^k \sum_{t=0}^{\frac{N}{2}-1} g(2t+1) \cdot W_{N/2}^{tk} \tag{2.12}$$

$$= f_1(k) + W_N^k f_2(k). \tag{2.13}$$

Dabei sind $f_1(k)$ und $f_2(k)$ die FT der auf die geraden bzw. ungeraden Argumente eingeschränkten Funktion $g(t)$.

Die Beziehung

$$f(k) = f_1(k) + W_N^k f_2(k) \tag{2.14}$$

gilt zunächst nur für $k < \frac{N}{2}$.

Es gilt

$$W_N^{k-\frac{N}{2}} = e^{-\frac{2\pi i}{N}(k-\frac{N}{2})} = W_N^k \cdot e^{\frac{2\pi i}{2}} = -W_N^k$$

und damit

$$W_N^{(k-\frac{N}{2})t} = W_N^{kt} \quad \text{falls } t \text{ eine gerade natürliche Zahl}$$
$$W_N^{(k-\frac{N}{2})t} = -W_N^{kt} \quad \text{falls } t \text{ eine ungerade natürliche Zahl} \quad .$$

Sei nun $\frac{N}{2} - 1 < k \leq N - 1$.
Dann folgt

$$
\begin{aligned}
f(k) &= \sum_{t=0,2,4}^{N-2} g(t) \cdot W_N^{tk} + \sum_{t=1,3}^{N-1} g(t) \cdot W_N^{tk} \\
&= \sum_{t=0,2,4}^{N-2} g(t) \cdot W_N^{t(k-\frac{N}{2})} - \sum_{t=1,3}^{N-1} g(t) \cdot W_N^{t(k-\frac{N}{2})}.
\end{aligned}
$$

Wegen $0 \leq k - \frac{N}{2} < \frac{N}{2}$ können wir die Gleichungen (2.10)–(2.13) anwenden und erhalten

$$f(k) = f_1\left(k - \frac{N}{2}\right) - W_N^{k-\frac{N}{2}} f_2\left(k - \frac{N}{2}\right) \tag{2.15}$$

$$= f_1\left(k - \frac{N}{2}\right) + W_N^k f_2\left(k - \frac{N}{2}\right). \tag{2.16}$$

Die beiden Gleichungen (2.14) und (2.16) erlauben eine rekursive effiziente Berechnung der Fouriertransformation, weil man $f_1(k)$ und $f_2(k)$ analog zerlegen kann.

Beispiel 2.23 Wir betrachten den Fall $N = 4$ und erhalten die beiden Rekursionsgleichungen:

2.23

$$
\begin{aligned}
f(k) &= f_1(k) + W_4^k f_2(k), & k &= 0, 1 \\
f(k) &= f_1(k-2) + W_4^k f_2(k-2), & k &= 2, 3
\end{aligned}
$$

Weiter gilt

$$f_1(0) = \sum_{t=0}^{1} g(2t) \cdot W_2^{t \cdot 0} = g(0) + g(2)$$

$$f_1(1) = \sum_{t=0}^{1} g(2t) \cdot W_2^{t} = g(0) - g(2)$$

$$f_2(0) = \sum_{t=0}^{1} g(2t+1) \cdot W_2^0 = g(1) + g(3)$$

$$f_2(1) = \sum_{t=0}^{1} g(2t+1) \cdot W_2^t = g(1) - g(3)$$

und damit

$$f(0) = f_1(0) + f_2(0) = g(0) + g(2) + g(1) + g(3)$$
$$f(2) = f_1(0) - f_2(0) = g(0) + g(2) - g(1) - g(3)$$
$$f(1) = f_1(1) + W_4 \cdot f_2(1) = g(0) - g(2) - i(g(1) - g(3))$$
$$f(3) = f_1(1) - W_4 \cdot f_2(1) = g(0) - g(2) + i(g(1) - g(3)).$$

❯ 2.4.7 Aufgaben

2.4.1

Aufgabe 2.4.1 Sei $I = J = 4$. Zeigen Sie, dass alle Elemente der Basismatrizen $B^{(u,v)}$ Element der Menge $\{1, -1, i, -i\}$ sind.

2.4.2

Aufgabe 2.4.2 Sei $I = J = 4$. Berechnen Sie $B^{(0,0)}, B^{(0,1)}, B^{(1,1)}$ und $B^{(2,2)}$.

2.4.3

Aufgabe 2.4.3 Sei $I = J = 4$. Überprüfen Sie

$$\left\langle B^{(1,1)}, B^{(1,1)} \right\rangle = 1$$

und

$$\left\langle B^{(1,1)}, B^{(2,2)} \right\rangle = 0.$$

2.4.4

Aufgabe 2.4.4 Sei $I = J = 4$ und

$$S = \begin{pmatrix} 1\ 1\ 1\ 1 \\ 1\ 1\ 1\ 1 \\ 1\ 1\ 1\ 1 \\ 1\ 1\ 1\ 1 \end{pmatrix}.$$

Berechnen Sie die Fouriertransformation F von S.

Aufgabe 2.4.5 Sei $I = J = 4$ und   2.4.5

$$S_1 = \begin{pmatrix} 1 & 0 & 0 & 0 \\ 0 & 0 & 0 & 0 \\ 0 & 0 & 0 & 0 \\ 0 & 0 & 0 & 0 \end{pmatrix}, \quad S_2 = \begin{pmatrix} 0 & 0 & 0 & 0 \\ 0 & 1 & 0 & 0 \\ 0 & 0 & 0 & 0 \\ 0 & 0 & 0 & 0 \end{pmatrix}.$$

Berechnen Sie die Fouriertransformationen F_1, F_2 von S_1 und S_2. Welche Eigenschaft haben die Matrizen F_1 und F_2 gemeinsam?

Aufgabe 2.4.6 Sei $I = J = 4$ und   2.4.6

$$S = \begin{pmatrix} 2 & 0 & 2 & 0 \\ 0 & 2 & 0 & 2 \\ 2 & 0 & 2 & 0 \\ 0 & 2 & 0 & 2 \end{pmatrix}.$$

Berechnen Sie die Fouriertransformation F von S.

Aufgabe 2.4.7 Sei $I = J = 4$ und   2.4.7

$$F = \begin{pmatrix} 0 & 0 & 0 & 0 \\ 0 & 1 & 0 & 0 \\ 0 & 0 & 0 & 0 \\ 0 & 0 & 0 & 0 \end{pmatrix}.$$

Berechnen Sie die inverse Fouriertransformation S von F.

Aufgabe 2.4.8 Sei $I = J = 4$ und   2.4.8

$$S = \begin{pmatrix} 2 & 0 & -2 & 0 \\ 2 & 0 & -2 & 0 \\ 2 & 0 & -2 & 0 \\ 2 & 0 & -2 & 0 \end{pmatrix}.$$

Berechnen Sie die Fouriertransformation F von S.

Aufgabe 2.4.9 Sei $I = J = 4$ und   2.4.9

$$S = \begin{pmatrix} 4 & 2 & 0 & 2 \\ 2 & 0 & -2 & 0 \\ 0 & -2 & -4 & -2 \\ 2 & 0 & -2 & 0 \end{pmatrix}.$$

Berechnen Sie die Fouriertransformation F von S.

2.4.10 **Aufgabe 2.4.10** Zeigen Sie: Falls die Matrix S nur reelle Zahlen enthält, so gilt

$$f^*(u,v) = f(-u,-v).$$

2.4.11 **Aufgabe 2.4.11** Zeigen Sie: Falls die Matrix S nur imaginäre Zahlen enthält, so gilt

$$f^*(-u,-v) = -f(u,v)$$

2.4.12 **Aufgabe 2.4.12** Berechnen Sie die Fouriertransformation einer Basismatrix

$$B^{(a,b)}, \quad 0 \le a < u, \quad 0 \le b < v.$$

2.4.13 **Aufgabe 2.4.13** Zeigen Sie, dass die Matrizen (2.6) linear unabhängig und orthonormiert sind.

2.4.14 **Aufgabe 2.4.14** Beweisen Sie folgende Rekursionsformel zur Berechnung der eindimensionalen diskreten Fouriertransformation (2.9).
Es sei $N = N_1 \cdot N_2$ und

$$k = N_2 k_1 + k_2$$
$$n = N_1 n_2 + n_1.$$

Dabei ist

$$k_1 = \left[\frac{k}{N_2}\right]$$
$$k_2 = k \bmod N_2$$
$$n_2 = \left[\frac{n}{N_1}\right]$$
$$n_1 = n \bmod N_1.$$

Somit gilt

$$0 \le k_1, n_1 < N_1 - 1$$
$$0 \le k_2, n_2 < N_2 - 1.$$

Dann gilt:

$$f(k) = \sum_{n_1=0}^{N_1-1} \left[e^{-\frac{2\pi i}{N}n_1 k_2} \right] \left(\sum_{n_2=0}^{N_2-1} g(n) \cdot e^{-\frac{2\pi i}{N_2}n_2 k_2} \right) e^{-\frac{2\pi i}{N_1}n_1 k_1}$$

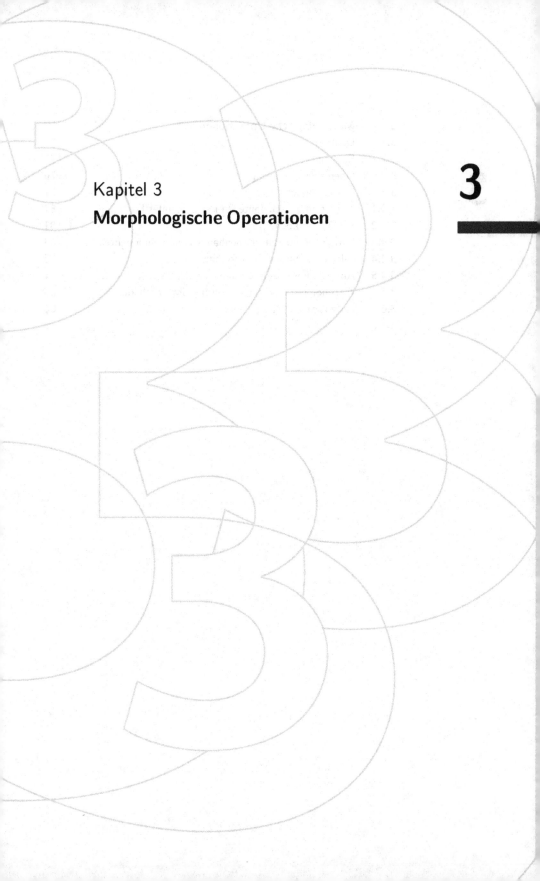

Kapitel 3

Morphologische Operationen

3

3

3 Morphologische Operationen

Im Folgenden werden einige elementare Operationen eingeführt, die für die Bildverarbeitung große Bedeutung haben. Damit können komplexe Bildverarbeitungsaufgaben auf diese einfachen Basisoperationen zurückgeführt werden und die Verfahren sind parallelisierbar.

Sei Z die Menge der ganzen Zahlen und

$$Z^n = \underbrace{Z \times Z \times Z \times \cdots \times Z}_{n-mal}.$$

Ein beliebiges Rasterbild lässt sich als Teilmenge von Z^n interpretieren. Binärbilder werden als Teilmengen von Z^2, bestehend aus den Ortskoordinaten der Bildpunkte beschrieben.

Grauwertbilder werden in Z^3 aus den Ortskoordinaten und dem Grauwert gebildet. Man verwendet auch ganze Säulen über den Ortskoordinaten.

Morphologische Operationen werden oft auf Binärbilder angewendet, weniger auf Grauwertbilder. Deshalb bsschränken wir uns hier im wesentlichen auf Binärbilder. Die Theorie lassen wir aber allgemein im Raum Z^n. Im Abschnitt 3.5 gehen wir kurz auf morphologische Operationen für Grauwertbilder ein. Es sei $X \subseteq Z^n$ und $h \in Z^n$. Wir führen folgende Bezeichnungen ein:

$$X_h = \{d \in Z^n : \exists x \in X \quad \text{mit} \quad d = x + h\}$$
$$\tilde{X} = \{-x : x \in X\}$$
$$X^C = Z^n \setminus X$$

Obwohl für die Bildverarbeitung nur der Fall $n = 2$ interessant ist, beschreiben wir die Operationen allgemein.

3.1 Dilation

Definition 3.1: Dilation

Sei $X, B \subseteq Z^n$. Die Menge

$$X \oplus B = \{d \in Z^n : \exists x \in X, \exists b \in B \quad \text{mit} \quad d = x + b\}$$

heißt Dilation der Mengen X und B.

3.1   **Beispiel 3.1** Wenn

$$X = \{(0,1),(1,1),(2,1),(2,2),(3,0),(3,2),(4,0)\}$$
$$B = \{(0,0),(0,1)\}\,,$$

dann gilt (Abb. 3.1):

$$X \oplus B = \{(0,1),(0,2),(1,1),(1,2),(2,1),(2,2),(2,3),$$
$$(3,0),(3,1),(3,2),(3,3),(4,0),(4,1)\}$$

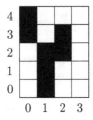

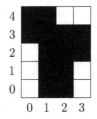

Abb. 3.1. Ein einfaches Beispiel für die Dilation der Menge X (oben links) und dem Strukturelement B (oben rechts). Das Ergebnis $X \oplus B$ ist unten dargestellt. Die schwarzen Felder repräsentieren die entsprechenden Mengen.

3.2   **Beispiel 3.2** Hier gehört der Punkt $(0,0)$ nicht zum Strukturelement B (Abb. 3.2).

$$X = \{(1,1),(2,1),(3,1),(4,2)\}$$
$$B = \{(0,-1),(0,1)\}$$
$$X \oplus B = \{(1,0),(2,0),(3,0),(1,2),(2,2),(3,2),(4,1),(4,3)\}$$

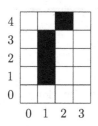

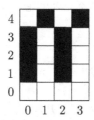

Abb. 3.2. Ein weiteres Beispiel für die Dilation der Menge X (oben links) und dem Strukturelement B (oben rechts). Das Ergebnis $X \oplus B$ ist unten dargestellt. Die schwarzen Felder repräsentieren die entsprechenden Mengen. Hier gehört der Punkt $(0,0)$ nicht zum Strukturelement B.

Anmerkung 3.1.1

– B heißt auch Strukturelement und ist i.a. wesentlich kleiner als X.

– Infolge einer Dilation entsteht eine Verstärkung bzw. eine Verdickung des Bildes X bezüglich des Strukturelementes B.

– Insbesondere ist es möglich, Pixelgruppen zu vereinigen, Löcher zu füllen oder Risse zu schließen (Abb. 3.3).

Abb. 3.3. Anwendung der Dilation auf ein Bild. Die Menge X ist hell dargestellt.

Eine einfache Möglichkeit zur Kantendetektion (Finden von Kanten) ist die Operation

$$(X \oplus B) \setminus X.$$

Das Ergebnis enthält aber keine Elemente aus X.

Satz 3.1 Es sei $X, B \subseteq Z^n$. Dann gilt:

$$X \oplus B = \bigcup_{b \in B} X_b$$

Beweis 3.1 Der Beweis folgt unmittelbar aus der Definition der Dilation.

Diese Eigenschaft kann man zur Konstruktion von $X \oplus B$ benutzen.

Satz 3.2 Es sei $X, Y, B, D \subseteq Z^n$ und $h \in Z^n$. Dann gelten die folgenden Beziehungen:

$$X \oplus B = B \oplus X$$
$$X \oplus (B \oplus D) = (X \oplus B) \oplus D$$
$$X_h \oplus B = (X \oplus B)_h$$
$$X \subseteq Y \Rightarrow X \oplus B \subseteq Y \oplus B$$
$$(X \cap Y) \oplus B \subseteq (X \oplus B) \cap (Y \oplus B)$$
$$B \oplus (X \cup Y) = (X \oplus B) \cup (Y \oplus B)$$

Beweis 3.2 Die Beweise sind sehr einfach. Wir zeigen nur die Eigenschaft

$$(X \cap Y) \oplus B \subseteq (X \oplus B) \cap (Y \oplus B).$$

Sei $a \in (X \cap Y) \oplus B$. Dann gilt $a = c + b$ mit $c \in X \cap Y$ und $b \in B$. Hieraus folgt $c \in X$ und damit $a \in X \oplus B$ sowie $c \in Y$ und $a \in Y \oplus B$. Schließlich folgt $a \in (X \oplus B) \cap (Y \oplus B)$ und somit die Behauptung.

3.2 Erosion

Definition 3.2: Erosion
Sei $X, B \subseteq Z^n$. Die Menge

$$X \ominus B = \{d \in Z^n : \forall b \in B \quad \Rightarrow \quad d + b \in X\}$$

heißt Erosion der Mengen X und B.

Beispiel 3.3 (Abb. 3.4)

$$X = \{(0,1),(1,1),(1,3),(2,1),(3,0),(3,1),(3,2),(3,3),(4,1)\}$$
$$B = \{(0,0),(0,1)\}$$
$$X \ominus B = \{(3,0),(3,1),(3,2)\}$$

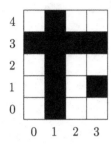

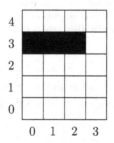

Abb. 3.4. Ein einfaches Beispiel für die Erosion der Menge X (oben links) und dem Strukturelement B (oben rechts). Das Ergebnis $X \ominus B$ ist unten dargestellt. Die schwarzen Felder repräsentieren die entsprechenden Mengen.

Beispiel 3.4 (Abb. 3.5)

$$X = \{(0,1),(0,2),(0,3),(0,4),(1,1),(1,3),(1,4),(1,5),(2,0),(2,1),(2,2),$$
$$(2,3),(2,4),(3,1),(3,3),(3,4),(4,1),(4,2),(4,3),(4,4),(4,5),(5,4)\}$$

$$B = \{(-1,-1),(-1,0),(-1,1),(0,-1),(1,-1),(1,0),(1,1)\}$$
$$X \ominus B = \{(1,2),(3,2)\}$$

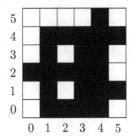

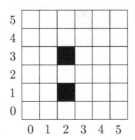

Abb. 3.5. Ein weiteres Beispiel für die Erosion der Menge X (oben links) und dem Strukturelement B (oben rechts). Das Ergebnis $X \ominus B$ ist unten dargestellt. Die schwarzen Felder repräsentieren die entsprechenden Mengen. Hier gehört der Punkt $(0,0)$ nicht zum Strukturelement B.

Anmerkung 3.2.1 Bei der Erosion werden schmale Stellen und kleine Objekte, deren geometrische Ausdehnungen kleiner als die des Strukturelementes sind, völlig eliminiert (Abb. 3.6).

Abb. 3.6. Anwendung der Erosion auf ein Bild. Die Menge X ist hell dargestellt.

Eine einfache Operation zur Kantenfindung ist

$$X \setminus (X \ominus B).$$

Satz 3.3 Es sei $X, B \subseteq Z^n$. Dann gilt:

$$X \ominus B = \{d \in Z^n : B_d \subseteq X\}$$

Beweis 3.3 Diese Eigenschaft folgt unmittelbar aus der Definition der Erosion und zeigt eine einfache anschauliche Interpretation.

Satz 3.4 Es sei $X, B \subseteq Z^n$. Dann gilt:

$$X \ominus B = \bigcap_{b \in B} X_{-b}$$

Beweis 3.4 Wir beweisen die Behauptung durch die folgenden Äquivalenzen.

$$\begin{aligned}
a \in X \ominus B &\Longleftrightarrow a + b \in X \quad \forall b \in B \\
&\Longleftrightarrow a + b = x_b \in X, \quad a = x_b - b \quad \forall b \in B \\
&\Longleftrightarrow a \in X_{-b} \quad \forall b \in B \\
&\Longleftrightarrow a \in \bigcap_{b \in B} X_{-b}.
\end{aligned}$$

Diese Eigenschaft kann man zur Konstruktion von $X \ominus B$ benutzen.

Satz 3.5 Es sei $X, Y, B, B_1, B_2, D \subseteq Z^n$ und $h \in Z^n$. Dann gelten die folgenden Beziehungen:

$$\begin{aligned}
(0, 0, \ldots, 0) &\in B \Rightarrow X \ominus B \subseteq X \\
X_h \ominus B &= (X \ominus B)_h \quad X \ominus B_h = (X \ominus B)_{-h} \\
X \subseteq Y &\Rightarrow X \ominus B \subseteq Y \ominus B \\
D \subseteq B &\Rightarrow X \ominus B \subseteq X \ominus D \\
(X \cap Y) \ominus B &= (X \ominus B) \cap (Y \ominus B) \\
X \ominus (B_1 \cap B_2) &\supseteq (X \ominus B_1) \cup (X \ominus B_2) \\
(X \cup Y) \ominus B &\supseteq (X \ominus B) \cup (Y \ominus B) \\
X \ominus (B_1 \cup B_2) &= (X \ominus B_1) \cap (X \ominus B_2)
\end{aligned}$$

Beweis 3.5 Wir zeigen beispielhaft die Eigenschaft:

$$X \ominus B_h = (X \ominus B)_{-h}$$

Der Beweis geschieht in 2 Schritten.

— Sei $a \in X \ominus B_h$. Dann gilt

$$a + (b + h) \in X \quad \forall b \in B$$

und weiter

$$a + b = x_b - h.$$

Hieraus folgt

$$a = x_b - b - h = a' - h.$$

Wegen

$$a' + b = x_b \in X \quad \forall b \in B$$

gilt

$$a' \in X \ominus B.$$

Somit erhalten wir

$$a \in (X \ominus B)_{-h}.$$

— Sei jetzt $a \in (X \ominus B)_{-h}$. Hieraus folgt

$$a = a' - h, \quad a' + b \in X \quad \forall b \in B.$$

Dann ist

$$a + (b + h) = a' + b \in X \quad \forall b \in B.$$

Deshalb gilt $a \in X \ominus B_h$.

3.6   **Satz 3.6** Es sei $X, Y \subseteq Z^n$. Dann gelten die folgenden Beziehungen:

$$(X \ominus Y)^C = X^C \oplus \tilde{Y}$$
$$(X \oplus Y)^C = X^C \ominus \tilde{Y}$$

Beweis 3.6 Wir beweisen $(X \ominus Y)^C = X^C \oplus \tilde{Y}$ durch die folgenden Äquivalenzen.

$$
\begin{aligned}
x \in (X \ominus Y)^C &\Longleftrightarrow x \notin X \ominus Y \\
&\Longleftrightarrow \exists b \in Y \quad \text{mit} \quad x + b \notin X \\
&\Longleftrightarrow \exists b \in Y \quad \text{mit} \quad x + b \in X^C \\
&\Longleftrightarrow \exists b \in Y \quad \text{mit} \quad x \in (X^C) - b \\
&\Longleftrightarrow x \in \bigcup_{b \in Y} (X^C)_{-b} \\
&\Longleftrightarrow x \in \bigcup_{b \in \tilde{Y}} (X^C)_b \\
&\Longleftrightarrow x \in X^C \oplus \tilde{Y}
\end{aligned}
$$

Satz 3.7 Es sei $X, B_i \subseteq Z^n$. Dann gelten die folgenden Beziehungen: **3.7**

$$(X \ominus B_1) \ominus B_2 = X \ominus (B_1 \oplus B_2) = (X \ominus B_2) \ominus B_1$$

$$
\begin{aligned}
((X \ominus B_1) \ominus B_2) \ominus B_3 &= X \ominus ((B_1 \oplus B_2) \oplus B_3) \\
&= X \ominus (B_1 \oplus B_2 \oplus B_3)
\end{aligned}
$$

$$((X \oplus B_1) \oplus B_2) \oplus B_3 = X \oplus (B_1 \oplus B_2 \oplus B_3)$$

$$((\ldots (X \ominus B_1) \ominus B_2) \ominus B_3) \ominus \cdots \ominus B_k) = X \ominus (B_1 \oplus B_2 \oplus B_3 \oplus \cdots \oplus B_k)$$

$$((\ldots (X \oplus B_1) \oplus B_2) \oplus B_3) \oplus \cdots \oplus B_k) = X \oplus (B_1 \oplus B_2 \oplus B_3 \oplus \cdots \oplus B_k)$$

Beweis 3.7 Wir beweisen nur die Gleichung:

$$(X \ominus B_1) \ominus B_2 = X \ominus (B_1 \oplus B_2)$$

$a \in (X \ominus B_1) \ominus B_2$ ist äquivalent zu

$$
\begin{aligned}
a + b_2 &\in X \ominus B_1 \quad \forall b_2 \in B_2 \\
(a + b_2) + b_1 &\in X \quad \forall b_1 \in B_1 \quad \text{und} \quad \forall b_2 \in B_2 \\
a &\in X \ominus (B_1 \oplus B_2).
\end{aligned}
$$

Die Dilation bzw. die Erosion mit einem komplexen Strukturelement

$$B = B_1 \oplus B_2 \oplus \cdots \oplus B_k$$

kann deshalb auf die Hintereinanderausführung mit den einfachen Elementen

$$B_1, \ldots, B_k$$

zurückgeführt werden. Dies ist wichtig für die Implementierung.

<table>
<tr><td>3.3</td><td></td></tr>
</table>

3.3 Opening und Closing

3.3 | **Definition 3.3: Opening, Closing**
Sei $X, B \subseteq Z^n$. Die Menge

$$X \circ B = (X \ominus B) \oplus B$$

heißt Opening (Öffnung) der Mengen X und B und die Menge

$$X \bullet B = (X \oplus B) \ominus B$$

heißt Closing (Abschließung) der Mengen X und B.

3.5 | **Beispiel 3.5** (Abb. 3.7)

$$X = \{(1,1),(1,2),(1,3),(1,4),(2,3),(3,1),(3,2),(3,3),(4,1),(4,2),(4,4)\}$$
$$B = \{(-1,-1),\ldots,(1,1)\}$$
$$X \oplus B = \{(0,0),\ldots,(5,5)\}$$
$$X \bullet B = \{(1,1),\ldots,(1,4),(2,1),\ldots,(2,4),(3,1),\ldots,(3,4),(4,1),\ldots,(4,4)\}$$

3.6 | **Beispiel 3.6** (Abb. 3.8)

$$X = \{(0,0),\ldots,(0,3),(1,0),\ldots,(1,4),$$
$$(2,0),\ldots,(2,3),(3,0),\ldots,(3,5),(5,3),(5,4),(5,5)\}$$

$$B = \{(-1,-1),\ldots,(1,1)\}$$
$$X \ominus B = \{(1,1),(1,2),(2,1),(2,2)\}$$
$$X \circ B = \{(0,0),\ldots,(0,3),(1,0),\ldots,(1,3),(2,0),\ldots,(2,3),(3,0),\ldots,(3,3)\}$$

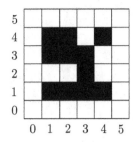

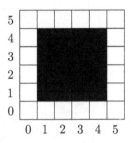

Abb. 3.7. Ein einfaches Beispiel für ein Closing der Menge X (oben links) und dem Strukturelement B (oben rechts). Das Ergebnis $X \bullet B$ ist unten dargestellt. Die schwarzen Felder repräsentieren die entsprechenden Mengen

Anmerkung 3.3.1

— Opening bewirkt eine Eliminierung von im Verhältnis zum Strukturelement B kleinen Teilmengen des Bildes X, d.h., schmale Verbindungen oder auch alleinstehende Mengenelemente werden gelöscht (Abb. 3.9).

— Beim Closing werden hingegen kleine Einschnitte und Zwischenräume geschlossen (Abb. 3.10).

Satz 3.8 Es gilt   3.8

$$X \circ B \subseteq X.$$

Beweis 3.8 Es gilt:

$$X \circ B = (X \ominus B) \oplus B.$$

Aus

$$a \in X \circ B \quad \Rightarrow \quad a = c + d \quad \text{mit:} \quad c \in X \ominus B; \quad d \in B.$$

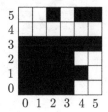

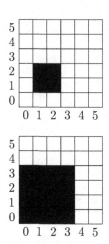

Abb. 3.8. Ein einfaches Beispiel für ein Opening der Menge X (oben links) und dem Strukturelement B (oben rechts). In der Mitte haben wir das Zwischenergebnis $X \ominus B$. Das Ergebnis $X \circ B$ ist unten dargestellt. Die schwarzen Felder repräsentieren die entsprechenden Mengen

Hieraus folgt

$$\forall e \in B \quad \text{gilt:} \quad c + e \in X$$

und damit

$$c + d = a \in X, \quad \text{da} \quad d \in B.$$

Satz 3.9 Es gilt

$$X \subseteq X \bullet B$$

3.9

Beweis 3.9 Sei $a \in X$.
Zu zeigen ist:

$$\forall b \in B \quad \text{gilt:} \quad a + b \in X \oplus B$$

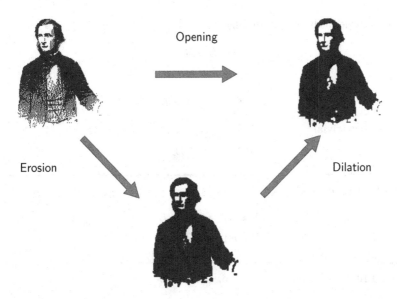

Abb. 3.9. Opening – Die Menge X ist hell dargestellt.

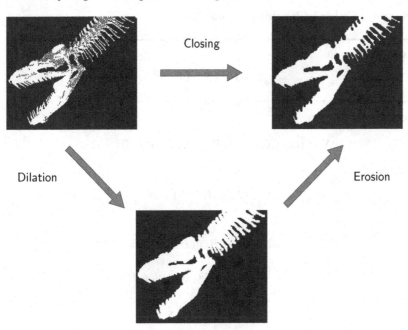

Abb. 3.10. Closing – Die Menge X ist hell dargestellt.

Hieraus würde nach Definition folgen:

$$a \in X \bullet B$$

Wenn

$$a \in X \quad \text{und} \quad b \in B,$$

so folgt aber trivial

$$a + b \in X \oplus B.$$

Satz 3.10 Es gilt:

$$(X \bullet B)^C = X^C \circ \tilde{B}$$
$$(X \circ B)^C = X^C \bullet \tilde{B}$$

Beweis 3.10 Wir verwenden Satz 3.6. Dann gilt:

$$(X \bullet B)^C = [(X \oplus B) \ominus B]^C = (X \oplus B)^C \oplus \tilde{B} = (X^C \ominus \tilde{B}) \oplus \tilde{B} = X^C \circ \tilde{B}$$

Die zweite Gleichung beweist man analog.

Satz 3.11 Es gilt

$$X \circ B = (X \circ B) \circ B$$

Beweis 3.11 Es gilt:

$$X \ominus B \subseteq (X \ominus B) \bullet B = ((X \ominus B) \oplus B) \ominus B$$

Sei nun:

$$a \in ((X \ominus B) \oplus B) \ominus B$$

Hieraus folgt:

$$a + b \in (X \ominus B) \oplus B \quad \forall b \in B$$

$$\Rightarrow a + b \in X \circ B \subseteq X \quad \forall b \in B$$

$$\Rightarrow a + b \in X \quad \forall b \in B$$

$$\Rightarrow a \in X \ominus B$$

$$\Rightarrow ((X \ominus B) \oplus B) \ominus B \subseteq X \ominus B$$

$$\Rightarrow ((X \ominus B) \oplus B) \ominus B = X \ominus B$$

$$\Rightarrow ((X \circ B) \ominus B) \oplus B = (X \ominus B) \oplus B$$

$$\Rightarrow (X \circ B) \circ B = X \circ B$$

Satz 3.12 Es gilt   3.12

$$X \bullet B = (X \bullet B) \bullet B$$

Beweis 3.12 Es gilt

$$X \oplus B \supseteq (X \oplus B) \circ B = ((X \oplus B) \ominus B) \oplus B$$

und

$$X \oplus B \subseteq (X \bullet B) \oplus B = ((X \oplus B) \ominus B) \oplus B$$

d.h.,

$$X \oplus B = ((X \oplus B) \ominus B) \oplus B$$

und damit

$$X \bullet B = (X \bullet B) \bullet B.$$

3.4 Anwendungen   3.4

❯ 3.4.1 Detektion von Bildanteilen mit bekannter Form

Mit Hilfe der Opening-Operation kann man bestimmte Formen im Bild detektieren oder beseitigen. In der Abb. 3.11 wird gezeigt, wie der kleine Winkel entfernt werden kann. Dabei wird das große Objekt aber etwas kleiner. Dies kann man durch ein Closing wieder ausgleichen.

Mit xor und einem weiteren Opening kann schließlich auch der kleine Winkel detektiert werden.

❯ 3.4.2 Füllen von Löchern

Wir wollen im Bildobjekt A alle Löcher füllen.

Dies geschieht mit folgender Iteration:

$$X_k := (X_{k-1} \oplus B) \cap A^C, \quad k = 1, 2, 3, \dots$$

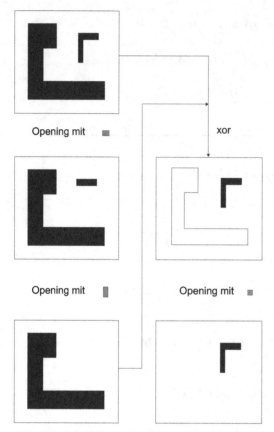

Abb. 3.11. Mit Hilfe von 2 aufeinanerfolgenden Openings mit verschiedenen Strukturelementen kann der kleine Winkel entfernt werden (im Bild links). Das große Objekt wird nicht exakt erhalten. Die Detektion des kleinen Winkels geschieht danach im Bild rechts.

X_0 ist eine Menge, die aus jedem Loch einen Punkt enthält und das Strukturelement sei gleich

$$B = \{(-1,0),(0,0),(1,0),(0,-1),(0,1)\}.$$

Die Iteration terminiert, sobald $X_n = X_{n-1}$.
Durch $X_n \cup A$ erhält man das gewünschte Bildobjekt.

❯ 3.4.3 Extraktion von zusammenhängenden Komponenten

Um alle zusammenhängenden Komponenten (eine exakte Definition erfolgt im Kapitel 4.3) eines Bildobjektes A zu finden, können folgende Iteration benutzen:

$$X_k := (X_{k-1} \oplus B) \cap A, \quad k = 1, 2, 3, \ldots$$

X_0 ist eine Menge, die aus jeder Komponente einen Punkt enthält und das Strukturelement sei gleich

$$B = \{(-1, -1), (-1, 0), (-1, 1), (0, -1), (0, 0),$$
$$(0, 1), (1, -1), (1, 0), (1, 1)\}$$

Die Iteration terminiert, sobald $X_n = X_{n-1}$.
X_n enthält dann alle zusammenhängenden Komponenten.

❯ 3.4.4 Alles oder Nichts-Transformation

Definition 3.4 Sei $B_1, B_2, X \subseteq Z^n$ und

$$B = (B_1, B_2) \quad B_1 \cap B_2 = \emptyset.$$

Wir definieren dann:

$$X \otimes B = (X \ominus B_1) \cap (X^C \ominus B_2).$$

3.4

Ein Punkt gehört zu $X \otimes B$, wenn an dieser Stelle B_1 in X und B_2 in X^C enthalten ist. Die Erosion ist ein Sonderfall, wenn $B_2 = \emptyset$ (wegen $X^C \ominus \emptyset = Z^n$).
Nimmt man

$$B_1 = \{(0, 0)\}$$

und

$$B_2 = \{(-1, 0), (1, 0), (0, -1), (0, 1)\}$$

so erhält man alle isolierten Punkte (bezüglich der 4-er Nachbarschaft) von X.
Eine weitere Anwendung ist die Bestimmung der konvexen Hülle einer Menge X mit den in der Abb. 3.12 gezeigten 4 Strukturelementen.

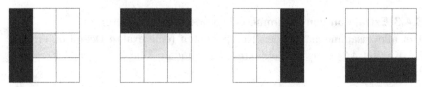

Abb. 3.12. Die 4 Strukturelemente für die Bestimmung der konvexen Hülle. Die schwarzen Elemente müssen im Objekt liegen, das graue Elemente außerhalb des Objektes. Dann wird der Punkt an der Stelle $(0,0)$ hinzugefügt.

❯ 3.4.5 Abmagerung, Skelettierung

3.5   **Definition 3.5: Abmagerung**
Sei wieder $B_1, B_2, X \subseteq Z^n$ und

$$B = (B_1, B_2) \quad B_1 \cap B_2 = \emptyset.$$

Unter Abmagerung versteht man dann die Operation:

$$X \oslash B = X \setminus (X \otimes B)$$

In einigen Anwendungen müssen aus flächenhaften Objekten durch Skelettierung linienhafte Objekte erzeugt werden. Man benötigt solche Linien zur Formbeschreibung, Kurvendarstellung, oder auch Trennung von Objekten. Unter Skelettierung versteht man die Abtragung des Objektes vom Objektrand bis auf die in der Mitte des Objektes verlaufende Skelettlinie. Mit einer reinen Erosion kann man Skelettierung nicht erreichen.
Für die Skelettierung benötigt man 8 Elemente

$$B^i = (B_1^i, B_2^i) \quad i = 1, \ldots, 8.$$

Ein Beispiel ist

$$B_1^1 = \{(-1,0), (0,0), (0,1)\}; \quad B_2^1 = \{(0,-1), (1,-1), (1,0)\}$$

$$B_1^2 = \{(-1,-1), (0,-1), (0,0), (1,-1)\}; \quad B_2^2 = \{(-1,1), (0,1), (1,1)\}.$$

Die Elemente B^3, B^5 und B^7 entstehen aus B^1 durch Drehung um jeweils $90°$ und die Elemente B^4, B^6 und B^8 aus B^2 ebenfalls durch Drehung um jeweils $90°$ (Abb. 3.13).

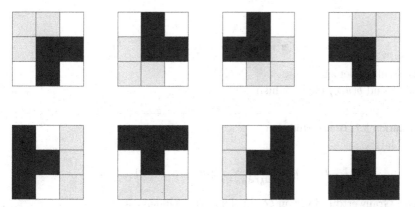

Abb. 3.13. Die 8 Strukturelemente für die Skelettierung. Die schwarzen Elemente müssen im Objekt liegen, die grauen Elemente außerhalb des Objektes. Dann wird der Punkt an der Stelle $(0,0)$ vom Objekt entfernt.

Dann wendet man die Operationen

$$X \oslash B^i \quad i = 1, \ldots, 8$$

hintereinander an.

Damit ereicht man eine Abtragung der Objektpunkte von allen Seiten. Die Anwendung der 8 Operationen muss in mehreren Durchläufen geschehen, bis keine Punkte mehr wegfallen.

Das Ergebnis der Skelettierung hängt von der Anwendungsreihenfolge der obigen 8 Operationen ab.

Weitere Verfahren zur Skelettierung behandeln wir im Abschnitt 4.6.4.

Definition 3.6: Verdickung

3.6

Unter Verdickung versteht man die Operation:

$$X \odot B = X \cup (X \otimes B)$$

3.5 Morphologische Operationen für Grauwertbilder

3.5

Wir behandeln nur eine einfache Variante. Es sei

$$G = (g(i,j)), \quad i = 0, \ldots, I - 1, j = 0, \ldots, J - 1$$

eine Bildmatrix und

$$B = (b(u,v)), \quad u,v = -M,\ldots,0,\ldots,M$$

ein Strukturelement.
Dabei sind $b(u,v)$ reelle Zahlen.

3.7

Definition 3.7: Grauwertdilation

Die Matrix

$$(G \oplus B)(i,j) = \max_{-M \le u,v \le M} \{g(i+u, j+v) + b(u,v)\}$$

heißt Grauwertdilation von G mit dem Strukturelement B.

3.8

Definition 3.8: Grauwerterosion

Die Matrix

$$(G \ominus B)(i,j) = \min_{-M \le u,v \le M} \{g(i+u, j+v) - b(u,v)\}$$

heißt Grauwerterosion von G mit dem Strukturelement B.

3.6

3.6 Aufgaben

3.6.1

Aufgabe 3.6.1 Sei

$$X = \{(3,2),(3,3),(2,2),(2,3)\}$$
$$B = \{(-1,-1),(-1,0),(-1,1),(0,-1),(0,0),(0,1),(1,-1),(1,0),(1,1)\}.$$

Berechnen Sie $X \oplus B$.

3.6.2

Aufgabe 3.6.2 Sei

$$X = \{(3,2),(3,3),(2,2),(2,3)\}$$
$$B_1 = \{(0,0),(0,1)\}$$
$$B_2 = \{(0,0),(0,-1)\}.$$

Berechnen Sie $X \oplus B_1$ und $X \oplus B_2$.

Aufgabe 3.6.3 Sei $\qquad$ **3.6.3**

$$X = \{(4,2),(4,3),(4,4),(4,5),(3,2),(3,3),(3,4),(3,5),$$
$$(2,2),(2,3),(2,4),(2,5),(1,2),(1,3),(1,4),(1,5)\}$$

und

$$B = \{(-1,-1),(-1,0),(-1,1),(0,-1),(0,0),(0,1),(1,-1),(1,0),(1,1)\}\,.$$

Berechnen Sie $X \ominus B$.

Aufgabe 3.6.4 Beweisen Sie die folgende äquivalente Definition der Dilation: $\qquad$ **3.6.4**

$$X \oplus B = \left\{ d \in Z^n : \tilde{B}_d \cap X \neq \varnothing \right\}$$

Aufgabe 3.6.5 Sei $\qquad$ **3.6.5**

$$X = \{(7,2),(7,3),(7,4),(7,5),(7,6),(7,7),$$
$$(6,2),(6,3),(6,4),(6,5),(6,6),(6,7),$$
$$(5,2),(5,3),(5,4),(5,5),(5,6),$$
$$(4,2),(4,3),(4,4),(4,5),(4,6),$$
$$(3,2),(3,3),(3,4),(3,5),(2,2),(2,3),(2,4)\}$$

und

$$B = \{(-1,-1),(-1,0),(-1,1),(0,-1),(0,0),(0,1),(1,-1),(1,0),(1,1)\}\,.$$

Berechnen Sie $X \setminus (X \ominus B)$ und interpretieren Sie das Ergebnis.

Aufgabe 3.6.6 Welcher Zusammenhang besteht zwischen den Rangfolgeoperationen aus den Definitionen 2.8, 2.9 und den beiden morphologischen Operationen Dilation und Erosion. $\qquad$ **3.6.6**

Aufgabe 3.6.7 Sei $\qquad$ **3.6.7**

$$X = \{(4,2),(4,3),(4,4),(4,5),(4,6),(4,7),$$
$$(3,2),(3,3),(3,4),(3,5),(3,6),(3,7),$$
$$(8,3),(8,4),(8,5),(10,8),(9,8),(8,8)\}$$

und

$$B_1 = \{(0,0),(0,-1)\}$$
$$B_2 = \{(0,0),(1,0)\}$$
$$B_3 = \{(0,0),(1,0),(0,1),(1,1)\}\,.$$

Berechnen Sie $X \circ B_1$, $X \circ B_2$ und $X \circ B_3$ und vergleichen Sie die Ergebnisse.

3.6.8   **Aufgabe 3.6.8** Beweisen Sie:

$$X \circ B = \bigcup_{y \in X \ominus B} B_y = \bigcup_{B_y \subseteq X} B_y$$

3.6.9   **Aufgabe 3.6.9** Sei

$$X = \{(4,2),(4,3),(4,4),(4,5),(4,6),(4,7),$$
$$(3,2),(3,3),(3,4),(3,5),(3,6),(3,7),$$
$$(8,3),(8,4),(8,5),(10,8),(9,8),(8,8)\}$$

und

$$B_1 = \{(0,0),(0,-1)\}$$
$$B_2 = \{(0,0),(1,0)\}$$
$$B_3 = \{(0,0),(1,0),(0,1),(1,1)\}\,.$$

Berechnen Sie $X \bullet B_1$, $X \bullet B_2$ und $X \bullet B_3$.

3.6.10   **Aufgabe 3.6.10** Sei

$$X = \{(4,2),(4,3),(4,4),(3,2),(3,3),(3,4),$$
$$(8,3),(10,8),(9,8),(8,8),(1,1),(-2,-2)\}$$

und

$$B = (B_1, B_2)$$
$$B_1 = \{(0,0)\}$$
$$B_2 = \{(-1,0),(1,0),(0,-1),(0,1)\}.$$

Berechnen Sie $X \otimes B$.

Aufgabe 3.6.11 Sei   3.6.11

$$X = \{(8,2), (8,3), (8,4), (7,2), (7,3), (7,4),$$
$$(6,3), (5,3), (4,2), (4,3), (4,4), (3,2), (3,3), (3,4)\}$$

und

$$B = (B_1, B_2)$$
$$B_1 = \{(-1,0), (0,0), (0,1)\}$$
$$B_2 = \{(0,-1), (1,-1), (1,0)\}.$$

Berechnen Sie $X \oslash B$.

Aufgabe 3.6.12 Sei   3.6.12

$$X = \{(8,2), (8,3), (8,4), (7,2), (7,3), (7,4),$$
$$(6,3), (5,3), (4,2), (4,3), (4,4), (3,2), (3,3), (3,4)\}$$

und

$$B = (B_1, B_2)$$
$$B_1 = \{(-1,-1), (0,-1), (0,0), (1,-1)\}$$
$$B_2 = \{(-1,1), (0,1), (1,1)\}.$$

Berechnen Sie $X \oslash B$.

Aufgabe 3.6.13 Wenden Sie den Skelettierungsalgorithmus aus Abschnitt 3.4.5   3.6.13
auf die folgende Menge an.

$$X = \{(8,2), (8,3), (8,4), (7,2), (7,3), (7,4),$$
$$(6,3), (5,3), (4,2), (4,3), (4,4), (3,2), (3,3), (3,4)\}$$

Betrachten Sie auch andere Reihenfolgen der Strukturelemente.

Kapitel 4

Bildsegmentierung

4

4

4 Bildsegmentierung

Mit Bildsegmentierung bezeichnet man den Vorgang, das Bild in sinnvolle Bildteile aufzuteilen, es zu segmentieren. In diesem Kapitel beschäftigen wir uns mit rein zweidimensionalen Vorgängen, die vom Bild ausgehend 2D-Bildsegmente liefern. Diese bilden dann die Grundlage für die Erkennung und Klassifikation von Objekten in Bildern.

4.1 Einführung

Die Ziele der Segmentierung eines Bildes sind:

— Auffinden einer Menge von Segmentierungsobjekten, von denen sich jedes Objekt durch bestimmte homogene Eigenschaften oder Attribute auszeichnet, bzw. eine bestimmte Relation erfüllt. Homogene Bildbereiche können durch gleichen Grauwert, eine einheitliche Textur, gleiche Krümmung usw. gekennzeichnet sein. Diese homogene Eigenschaft bezeichnen wir als Homogenitätskriterium und damit wird festgelegt, ob eine Teilmenge eines Bildes homogen ist oder nicht (Abb. 4.1).

— Auffinden von Kanten (Objektgrenzen), die durch Änderungen in ansonsten gleichmäßigen Mustern entstehen. Verschieden helle Grauwertbereiche lassen sich beispielsweise durch Kanten voneinander trennen.

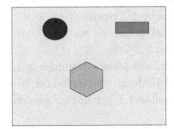

Abb. 4.1. Ein Bild mit 4 Segmenten. Hier sind es 4 Bildbereiche mit verschiedenen Grauwerten. Jeder Bereich ist aber in sich homogen, d.h. er hat gleichem Grauwert. Auch der Hintergrund ist ein Segment.

Es gibt viele Verfahren für die Bildsegmentierung. Man kann sie wie folgt einteilen:

— punktorientierte Verfahren
— kantenorientierte Verfahren
— regionenorientierte Verfahren
— regelbasierte Verfahren

Sei $G_E = (g_E(i,j))$ unser Eingabebild. Unter einer Segmentierung von G_E verstehen wir zunächst eine Zerlegung von G_E, d.h.

$$G_E = \bigcup_{n=1}^{N} X_n$$

$$X_{n_1} \cap X_{n_2} = \emptyset \quad \text{für} \quad n_1 \neq n_2$$

Die Mengen X_n sind zusammenhängend, in sich homogen und benachbarte Mengen unterscheiden sich bezüglich des Homogenitätskriteriums. Eine exakte Definition der Begriffe zusammenhängend, homogen und benachbart erfolgt später.

4.2 Punktorientierte Segmentierung

Punktorientierte Verfahren richten sich bei der Entscheidung, ob ein Pixel dem Segment angehört oder nicht, nach der Eigenschaft des Bildpunktes (Grauwert, Farbe).

Ein einfaches Verfahren zur Bildsegmentierung ist die Anwendung von Schwellwertverfahren. Das Ausgabebild G_A ensteht durch

$$g_A(i,j) = \begin{cases} 1 & \text{falls} \quad g_E(i,j) \geq T \\ 0 & \text{falls} \quad g_E(i,j) < T. \end{cases}$$

Man erhält ein binäres Bild, in dem etwa der Hintergrund durch den Grauwert 0 und der Bereich des Segmentes durch den Grauwert 1 repräsentiert wird.

Der Schwellwert T kann oft aus dem Bild selbst gewonnen werden. Dazu betrachtet man das Histogramm (siehe Definition 2.1).

Oft zeigt sich im Histogramm ein deutlich erkennbares lokales Minimum zwischen den lokalen Maxima für Vordergrund und Hintergrund (bimodales Histogramm). Dieses Minimum kann für den Schwellwert T genommen werden (Abb. 4.2).

Wenn mehrere Objekte mit verschiedenen Grauwerten vorkommen, ergibt sich ein multimodales Histogramm und ein einziger Schwellwert reicht nicht mehr aus.

Einige Modifikationen sind:

$$g_A(i,j) = \begin{cases} 1 & \text{falls} \quad g_E(i,j) \in D \\ 0 & \text{sonst} \end{cases}$$

Dabei ist $D \subseteq R$ eine Menge von Grauwerten.

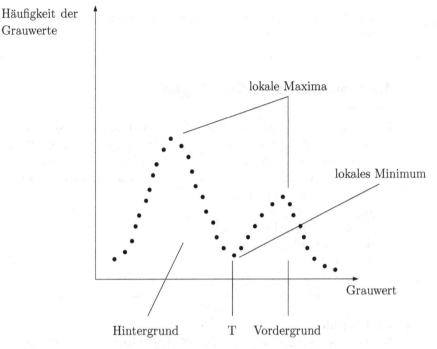

Häufigkeit der
Grauwerte

lokale Maxima

lokales Minimum

Grauwert

Hintergrund   T   Vordergrund

Abb. 4.2. Bestimmung des Schwellwertes T als lokales Minimum bei einem bimodalen Histogramm

$$g_A(i,j) = \begin{cases} k & \text{falls} \quad g_E(i,j) \in D_k \\ 0 & \text{sonst} \end{cases}$$

Dabei ist $D_1, D_2, \cdots, D_N \subseteq R \quad k = 1, \cdots, N$.

$$g_A(i,j) = \begin{cases} g_E(i,j) & \text{falls} \quad g_E(i,j) \geq T \\ 0 & \text{falls} \quad g_E(i,j) < T \end{cases}$$

Hier wird der Grauwert des Segmentes im Vordergrund des Eingabebildes übernommen. Es entsteht also kein binäres Ausgabebild.

Anmerkung 4.2.1

— Bei gutem Kontrast zwischen Vorder- und Hintergrund, etwa bei Stanz-
teilen (reflektierend, hell) auf einem dunklen Förderband kann dieses Verfahren oft sehr gute Ergebnisse liefern.

— Eine Schwellwertbildung reicht aber in den seltensten Fällen für eine akzeptable Segmentierung aus.

4.3 Mathematische Grundlagen

Für die diskreten Geometrieverhältnisse, die bei Bildern vorliegen, benötigen wir exakte Definitionen verschiedener Begriffe. Diese sind für normale, stetige Geometrieobjekte aus der Mathematik bekannt und müssen geeignet für die Analyse von Bildern übertragen werden. Dazu gehören Definitionen von

— Nachbarschaft von Bildpunkten
— Wege von Bildpunkten
— zusammenhängendes Segment
— benachbarte Bildsegmente
— Kanten

❯ 4.3.1 Nachbarschaft

Wir beginnen mit der Definition einer Nachbarschaftsstruktur. Damit können wir dann verschiedene Nachbarschaften von Pixeln in Bildern erklären.

4.1

Definition 4.1: Nachbarschaftsstruktur

Ein Tupel $[P, N]$ mit P als einer nichtleeren Menge und $N \subset P \times P$ als irreflexiver und symmetrischer Relation, d.h.

$$(p, p) \notin N \quad \forall p \in P$$
$$(p, q) \in N \quad \Rightarrow \quad (q, p) \in N \quad \forall p, q \in P$$

bezeichnen wir als Nachbarschaftsstruktur.

4.2

Definition 4.2: Nachbarschaft

Die Menge

$$N(p) = \{q : q \in P, (p, q) \in N\}$$

bezeichnen wir als Nachbarschaft des Punktes p. Die Punkte $q \in N(p)$ heißen Nachbarn von p.

Definition 4.3: isolierter Punkt   4.3
Wenn

$$N(p) = \emptyset,$$

so heißt $p \in P$ ein isolierter Punkt.

Anmerkung 4.3.1 Das Tupel $[P, N]$ ist ein (ungerichteter) Graph.

Beispiel 4.1 Sei   4.1

$$P = \{(i, j) : i = 0, \cdots, I - 1, \quad j = 0, \cdots, J - 1\}. \tag{4.1}$$

Diese Menge P stellt den Bezug zum Bildraster her.
Wir können in P verschiedene Nachbarschaftsrelationen N definieren. Für
die Randpunkte von P ($i = 0, I - 1$) bzw. $j = 0, J - 1$ sind natürlich kleine
Modifikationen nötig, die wir hier einfach weglassen.

Definition 4.4: 4-Nachbarschaft   4.4
In P (Gleichung (4.1)) erklären wir die folgende zweistellige Relation:

$$N = N_4 = \{[(i_1, j_1), (i_2, j_2)] : \ |i_1 - i_2| + |j_1 - j_2| = 1\}$$

Definition 4.5: 8-Nachbarschaft   4.5
In P (Gleichung (4.1)) erklären wir die folgende zweistellige Relation:

$$N = N_8 = \{[(i_1, j_1), (i_2, j_2)] : \ \max\{|i_1 - i_2|, |j_1 - j_2|\} = 1\}$$

Diese beiden Nachbarschaften für Bildpixel werden wir im Weiteren oft benutzen (Abb. 4.3).
Die folgenden Möglichkeiten seien nur kurz erwähnt.

Definition 4.6: Diagonal-Nachbarschaft   4.6
In P (Gleichung (4.1)) erklären wir die folgende zweistellige Relation:

$$N = N_D = \{[(i_1, j_1), (i_2, j_2)] : \ |i_1 - i_2| = 1 \quad \text{und} \quad |j_1 - j_2| = 1\}$$

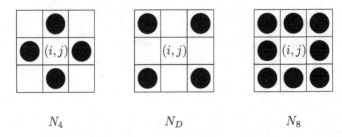

$$N_4 \qquad\qquad N_D \qquad\qquad N_8$$

Abb. 4.3. Drei mögliche Definitionen der Nachbarschaft von Bildpixeln. Die Diagonalnachbarschaft werden wir weniger benutzen.

4.7   **Definition 4.7: 6-Nachbarschaft**

In P (Gleichung (4.1)) erklären wir die folgende zweistellige Relation:

$$N = N_6 = \{[(i_1, j_1), (i_2, j_2)] : \ |\, i_1 - i_2 \,| + |\, j_1 - j_2 \,| = 1 \quad \text{oder}$$
$$(|\, i_1 - i_2 \,| + |\, j_1 - j_2 \,| = 2 \quad \text{und} \quad i_1 + j_1 = i_2 + j_2)\}$$

Diese letzte Nachbarschaft zeigt die Interpretation des Bildrasters als regelmäßige Sechsecke (Abb. 4.4). Solche Hexagonalraster haben viele interessante Eigenschaften. Wir werden aber im Weiteren nur noch quadratische Bildraster betrachten.

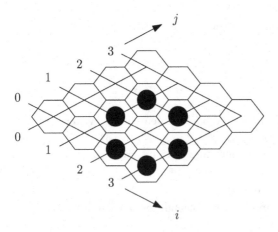

Abb. 4.4. 6-Nachbarschaft im Hexagonalraster

⊘ 4.3.2 Weg und Zusammenhang

Nun erklären wir verschiedene Begriffe, die für eine exakte Definition der Segmentierung notwendig sind:

Definition 4.8: Weg   4.8

Sei $[P, N]$ eine Nachbarschaftsstruktur und $M \subseteq P$ und $n \geq 1$.
Eine Folge $(p_1, \cdots, p_n)$ von Punkten $p_i \in M$ $(i = 1, \cdots, n)$ heißt Weg in M, wenn aufeinanderfolgende Punkte $p_i p_{i+1}$ $(i = 1, \cdots, n-1)$ benachbart sind, d.h. $(p_i, p_{i+1}) \in N$.
Die Folge $(p_1), n = 1$ ist auch ein Weg.

Definition 4.9: Verbundenheitsrelation   4.9

Zwei Punkte $p, q \in P$ der Nachbarschaftsstruktur $[P, N]$ heißen bezüglich $M \subseteq P$ verbunden, wenn es einen Weg $(p, \cdots, q)$ in M oder einen Weg $(p, \cdots, q)$ in $\bar{M} = P \setminus M$ gibt.

Definition 4.10: Zusammenhang   4.10

Eine nichtleere Teilmenge $M \subseteq P$ einer Nachbarschaftsstruktur $[P, N]$ heißt zusammenhängend, falls zwei beliebige Punkte $p, q \in M$ bezüglich M verbunden sind.

Anmerkung 4.3.2 Eine zusammenhängende Teilmenge $M \subseteq P$ einer Nachbarschaftsstruktur $[P, N]$ nennen wir manchmal auch Gebiet.

Beispiel 4.2 Sei   4.2

$$P = \{(i, j) : i = 0, \cdots, 3, \quad j = 0, \cdots, 3\}$$

und $N = N_4$. Die Menge

$$M = \{(1, 1), (1, 2), (2, 0), (2, 1), (2, 2)\}$$

ist zusammenhängend (Abb. 4.5).

Solche Nachbarschaftsstrukturen kann man sich auch als binäre Bilder vorstellen. Die Teilmenge $M \subseteq P$ interpretieren wir als die Menge der Bildpunkte mit $g(i, j) = 1$ und die Menge $P \setminus M$ als die Menge der Bildpunkte mit $g(i, j) = 0$.

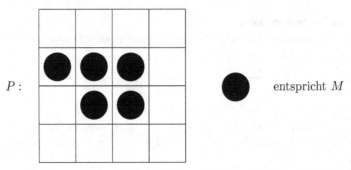

Abb. 4.5. Eine zusammenhängende Menge M in der 4-Nachbarschaft. Die Menge M wird durch schwarze Punkte repräsentiert.

4.3   **Beispiel 4.3** Sei

$$P = \{(i,j) : i = 0, \cdots, 3, \quad j = 0, \cdots, 3\}$$

und $N = N_4$. Die Menge

$$M = \{(1,2), (1,3), (2,1), (3,0)\}$$

ist nicht zusammenhängend. Wenn wir aber $N = N_8$ wählen, so ist M zusammenhängend (Abb. 4.6). Dies zeigt, dass der Begriff zusammenhängende Menge von der Definition der Nachbarschaft N abhängt.

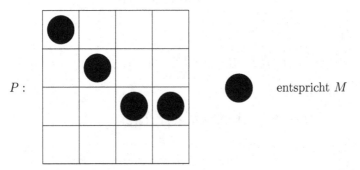

Abb. 4.6. Diese Menge ist in der 4-Nachbarschaft nicht zusammenhängend. Bezüglich der 8-Nachbarschaft ist sie aber zusammenhängend.

4.4   **Beispiel 4.4** Manchmal treten Probleme mit unserer Anschauung auf. Sei

$$P = \{(i,j) : i = 0, \cdots, 3, \quad j = 0, \cdots, 3\}$$

und $N = N_8$. Die Menge

$$M = \{(0,0),(1,1),(2,2),(3,3)\}$$

und die Menge $\bar{M} = P \setminus M$ sind zusammenhängend (Abb. 4.7).

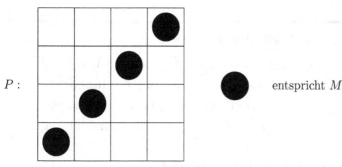

Abb. 4.7. Sowohl der Vordergrund (M) als auch der Hintergrund $(P \setminus M)$ sind in der 8-Nachbarschaft zusammenhängend. Für den Hintergrund widerspricht das unserer Anschauung.

Anmerkung 4.3.3 Bei $N = N_6$ (Definition 4.7) treten diese Probleme nicht auf.

4.3.3 Komponentenzerlegung

Definition 4.11: Zerlegung   4.11

Eine Menge $Z = \{G_1, \cdots, G_n\}$ von zusammenhängenden Teilmengen $G_i \subseteq P$ mit

$$G_i \cap G_j = \emptyset, \quad i \neq j$$

der Nachbarschaftsstruktur $[P, N]$ heißt Zerlegung von P, wenn die Vereinigung aller dieser Teilmengen die Menge P ergibt, d. h.

$$\bigcup_{i=1}^{n} G_i = P.$$

4.12   **Definition 4.12: Verbundenheitsrelation**
Sei $[P, N]$ eine Nachbarschaftsstruktur und $M \subseteq P$ eine beliebige Teilmenge. Die Relation

$$V_M = \{(p, q) \in P \times P : \quad p \quad \text{und} \quad q \quad \text{sind bezüglich} \quad M \quad \text{verbunden}\}$$

heißt Verbundenheitsrelation.

4.1   **Satz 4.1** Es gelten die folgenden Eigenschaften:

$$V_M \subseteq (M \times M) \cup (\bar{M} \times \bar{M}), \quad \text{wobei} \quad \bar{M} = P \setminus M$$
$$(p, p) \in V_M \quad \text{für} \quad \forall p \in P \quad \text{(Reflexivität)}$$
$$(p, q) \in V_M \Rightarrow (q, p) \in V_M \quad \text{(Symmetrie)}$$
$$((p, q) \in V_M \quad \text{und} \quad (q, r) \in V_M) \Rightarrow (p, r) \in V_M \quad \text{(Transitivität)}$$

Beweis 4.1 Stellen wir als Übungsaufgabe 4.3.3.

4.2   **Satz 4.2** V_M ist eine Äquivalenzrelation in P.

Beweis 4.2 Folgt unmittelbar aus Satz 4.1.

Jede in der Menge P definierte Äquivalenzrelation V_M zerlegt P in nichtleere, paarweise disjunkte Teilmengen K_M^i $i = 1, \ldots, n(V_M)$, die als Äquivalenzklassen von P bezüglich der Relation V_M bezeichnet werden. Sie haben folgende Eigenschaften.

4.3   **Satz 4.3** Es gilt:

$$(p, q) \in V_M \Leftrightarrow \exists i : p \in K_M^i, q \in K_M^i$$

Beweis 4.3 Folgt unmittelbar aus der Definition der Äquivalenzklassen für V_M.

4.4   **Satz 4.4** Die Menge

$$Z_M = \left\{ K_M^1, \ldots, K_M^{n(V_M)} \right\}$$

bildet eine Zerlegung von P, d.h.

$$P = \bigcup_{i=1}^{n(V_M)} K_M^i$$

K_M^i sind zusammenhängende Mengen

$$K_M^i \cap K_M^j = \emptyset \quad i \neq j.$$

Diese spezielle Zerlegung nennen wir Komponentenzerlegung.

Beweis 4.4 Stellen wir als Übungsaufgabe 4.3.4.

Satz 4.5 Es gilt: 4.5

$$\forall i : K_M^i \subseteq M \vee K_M^i \subseteq \bar{M}$$

Beweis 4.5 Stellen wir als Übungsaufgabe 4.3.5.

Definition 4.13: Komponenten   4.13

Die durch die Verbundenheitsrelation V_M in einer Nachbarschaftsstruktur $[P, N]$ erzeugten Äquivalenzklassen $K_M^i \subseteq M$ heißen Komponenten von M. Die Äquivalenzklassen $K_M^i \subseteq \bar{M}$ heißen Komplementärkomponenten von M. Die Zerlegung

$$Z_M = \left\{ K_M^1, \ldots, K_M^{n(V_M)} \right\} \tag{4.2}$$

heißt Komponentenzerlegung von P bezüglich M.

Satz 4.6 Es gilt   4.6

$$\forall p \in P \, \exists i : K_M^i = K_M(p) = \{ q \in P : (p, q) \in V_M \} .$$

p heißt Repräsentant von K_M^i.

Beweis 4.6 Stellen wir als Übungsaufgabe 4.3.6.

Anmerkung 4.3.4

$$K_M^i \quad (i = 1, \cdots, n(V_M))$$

bilden deshalb maximal zusammenhängende Teilmengen von M bzw. $\bar{M}$.

4.5   **Beispiel 4.5** Wir betrachten das folgende einfache Binärbild (Abb. 4.8):

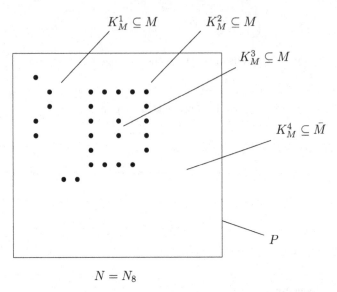

$$N = N_8$$

Abb. 4.8. Die Komponentenzerlegung von P bezüglich der Menge M (schwarze Punkte). Die ersten drei Komponenten sind Teilmengen von M und die vierte Komponente ist gleich $\bar{M}$.

Die Komponentenzerlegung (4.2) bildet eine einfache Möglichkeit zur Segmentierung eines Binärbildes. Wir benötigen aber noch Algorithmen zur Konstruktion der Komponenten (Segmente).

❯ 4.3.4 Aufgaben

4.3.1   **Aufgabe 4.3.1** Interpretieren Sie die 6-Nachbarschaft für normale quadratische Bildraster.

4.3.2   **Aufgabe 4.3.2** Zeigen Sie, dass jeder Weg in der 4-Nachbarschaft auch ein Weg in der 8-Nachbarschaft ist. Aber nicht jeder Weg in der 8-Nachbarschaft ist auch ein Weg in der 4-Nachbarschaft.

4.3.3   **Aufgabe 4.3.3** Zeigen Sie die Eigenschaften aus Satz 4.1 für die Verbundenheitsrelation V_M.

Aufgabe 4.3.4 Zeigen Sie die Eigenschaften aus Satz 4.4 für die Verbundenheitsrelation V_M.

4.3.4

Aufgabe 4.3.5 Zeigen Sie die Eigenschaften aus Satz 4.5 für die Äquivalenzklassen von V_M.

4.3.5

Aufgabe 4.3.6 Zeigen Sie die Eigenschaften aus Satz 4.6 für die Äquivalenzklassen von V_M.

4.3.6

4.4 Bestimmung von Komponenten

4.4

Wir behandeln zwei Algorithmen zur direkten Konstruktion der Komponenten, d.h. der Äquivalenzklassen der Verbundenheitsrelation V_M. Der erste Algorithmus gilt für beliebige Nachbarschaftsstrukturen $[P, N]$. Der zweite speziell für Bildraster.

4.4.1 Ein allgemeiner Algorithmus – Region Growing

Der folgende Algorithmus (Programm 4.1) findet alle Komponenten P, die in M enthalten sind. Analog geht man bei der Berechnung der Komponenten vor, die in $\bar{M}$ enthalten sind. Oft wird aber auch $\bar{M}$ als Hintergrund gleich als ein Segment des Bildes betrachtet und nicht weiter zerlegt.

Der Algorithmus wählt einen beliebigen, noch nicht betrachteten Punkt aus M und fügt dann solange Nachbarn hinzu, bis dies nicht mehr möglich ist. Dann haben wir eine Komponente K gefunden (Abb. 4.9).

Programm 4.1

```
Eingabe: P, N, M
while M <> ∅ do begin
        wähle p ∈ M;
        M := M \ {p};
        K := {p};
        L := {p};
        while L <> ∅ do begin
                wähle q ∈ L;
                L := L \ {q};
                bestimme N(q);
                N_M(q) := N(q) ∩ M;
                K := K ∪ N_M(q);
```

$$L := L \cup N_M(q);$$
$$M := M \setminus N_M(q);$$
end;
Ausgabe: K ist eine der Komponenten von M
end;

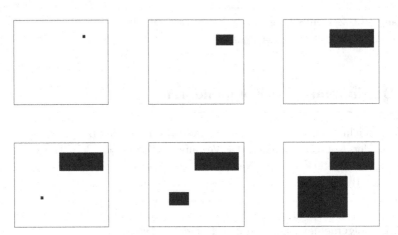

Abb. 4.9. Hier werden 2 Komponenten nacheinander gefunden.

Anmerkung 4.4.1

— Die Komponenten werden nacheinander gefunden.

— Dieses Verfahren erinnert an die Tiefensuche.

4.4.2 Zeilenkoinzidenzverfahren

Für

$$P = \{(i,j) : i = 0, \cdots, I-1, \quad j = 0, \cdots, J-1\}$$

und $N = N_4$ bzw. $N = N_8$ existieren spezielle Verfahren, die alle Komponenten gleichzeitig erstellen.
Sei

$$G_E = (g_E(i,j))$$

ein binäres Eingabebild mit

$$g_E(i,j) \in \{0,1\} \quad (i = 0, \cdots, I-1, \quad j = 0, \cdots, J-1)$$

und

$$M \subseteq P, \quad M = \{(i,j) : g_E(i,j) = 1\}.$$

Zunächst betrachten wir die 4-Nachbarschaft $N = N_4$.
Weiter sei

$$G_A = (g_A(i,j))$$

das segmentierte Ausgabebild, d.h.:

$$g_A(i,j) = \begin{cases} 0 & \text{falls} \quad (i,j) \in \quad \text{Hintergrund} \\ k & \text{falls} \quad (i,j) \in \quad \text{k-te Komponente von } M \end{cases}$$

Wir nehmen an, dass

$$g_E(0,j) = g_E(i,0) = 0 \quad \forall i,j.$$

Programm 4.2

```
g_A(i,j) = 0   ∀i,j;
m := 0;
for i := 1 to I − 1 do
    for j := 1 to J − 1 do
        if g_E(i,j) = 1 then begin
            if (g_E(i − 1,j) = 1) and (g_E(i,j − 1) = 0)
                    then g_A(i,j) := g_A(i − 1,j);
            if (g_E(i − 1,j) = 0) and (g_E(i,j − 1) = 1)
                    then g_A(i,j) := g_A(i,j − 1);
            if (g_E(i − 1,j) = 1) and (g_E(i,j − 1) = 1) then begin
                g_A(i,j) := g_A(i,j − 1); oder g_A(i,j) := g_A(i − 1,j);
                if g_A(i,j − 1) <> g_A(i − 1,j) then
                        Identifizieren der Komponenten mit den Marken
                        g_A(i,j − 1) und g_A(i − 1,j);
            end;
            if (g_E(i − 1,j) = 0) and (g_E(i,j − 1) = 0) then begin
                m := m + 1;
                g_A(i,j) := m;
            end;
end;
```

Neunummerierung der Marken unter Berücksichtigung äquivalenter Marken.

Anschaulich verschiebt man ein Fenster (Abb. 4.10) über das Bild.

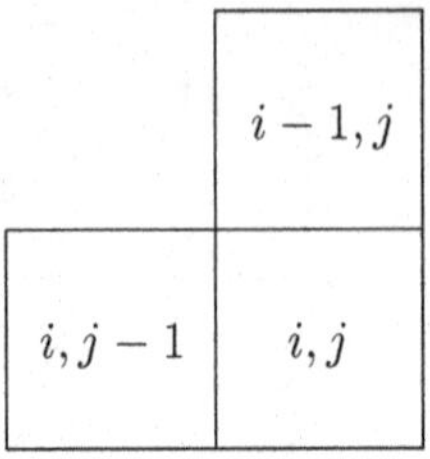

Abb. 4.10. Fenster für das Zeilenkoinzidenzverfahren bei der 4-Nachbarschaft. Der Punkt (i, j) liegt auf einer 1 des binären Eingabebildes G_E.

Auf die konkrete Realisierung der Neunummerierung der Marken gehen wir nicht näher ein (siehe aber Aufgabe 4.4.4).

4.6   **Beispiel 4.6** Wir untersuchen das folgende Eingabebild (Abb. 4.11). Die 0-te Zeile ist hier oben.

0	0	0	0	0	0	0	0
0	1	1	0	0	1	1	0
0	1	1	0	0	1	1	0
0	1	1	1	1	1	1	0
0	1	1	1	1	0	0	0
0	0	0	0	0	0	1	1
0	1	1	1	1	1	0	0

Abb. 4.11. Eingabebild

0	0	0	0	0	0	0	0
0	1	1	0	0	2	2	0
0	1	1	0	0	2	2	0
0	1	1	1	1	$\boxed{1}$	$\boxed{1}$	0
0	1	1	1	1	0	0	0
0	0	0	0	0	0	3	3
0	4	4	4	4	4	0	0

Abb. 4.12. Zwischenergebnis

Die Abb. 4.12 zeigt das Zwischenergebnis.

Für $\boxed{1}$ könnte auch 2 stehen. Deshalb sind die Marken 1 und 2 äquivalent. Durch eine Neunummerierung erhalten wir 3 Komponenten (1 bleibt, 2 wird 1, 3 wird 2, 4 wird 3).

Damit erhalten wir das segmentierte Ausgabebild (Abb. 4.13).

0	0	0	0	0	0	0	0
0	1	1	0	0	1	1	0
0	1	1	0	0	1	1	0
0	1	1	1	1	1	1	0
0	1	1	1	1	0	0	0
0	0	0	0	0	0	2	2
0	3	3	3	3	3	0	0

Abb. 4.13. Das segmentierte Ausgabebild

Bei der 8-Nachbarschaft $N = N_8$ verwendet man ein Fenster der Form (Abb. 4.14):

$i-1,$ $j-1$	$i-1, j$	$i-1,$ $j+1$
$i, j-1$	i, j	

Abb. 4.14. Fenster bei der 8-Nachbarschaft

Beispiel 4.7 Hier sei $N = N_8$. und wir untersuchen das Eingabebild aus Abb. 4.15.   **4.7**

0	0	0	0	0	0	0	0	0	0	0	0	0	0
0	0	0	0	0	1	1	0	0	1	1	0	0	0
0	0	1	1	1	1	1	0	0	1	0	0	1	0
0	0	0	0	1	0	1	0	0	0	0	0	1	0
0	1	1	1	1	1	1	1	1	1	1	1	1	0
0	0	0	1	1	1	1	1	1	1	1	1	1	0
0	1	0	0	0	0	1	0	1	0	0	1	1	0
0	0	0	1	1	0	0	0	0	0	0	0	0	0

Abb. 4.15. Eingabebild

Die Abb. 4.16 zeigt das Zwischenergebnis.

Für $\boxed{\text{x}}$ könnte auch ein anderer Wert stehen. Deshalb sind die Marken 1 und 3, 3 und 5 sowie 1 und 4 jeweils äquivalent. Durch eine Neunummerierung erhalten wir 3 Komponenten (1 bleibt, 2 bleibt, 3 wird 1, 4 wird 1, 5 wird 1, 6 und 7 bleibt).

0	0	0	0	0	0	0	0	0	0	0	0	0	0
0	0	0	0	0	1	1	0	0	2	2	0	0	0
0	0	3	3	[1]	1	1	0	0	2	0	0	4	0
0	0	0	0	[3]	0	1	0	0	0	0	0	4	0
0	5	5	[3]	3	[3]	[1]	1	1	1	1	[4]	4	0
0	0	0	[5]	3	[3]	[3]	[1]	1	1	[1]	[1]	[4]	0
0	6	0	0	0	0	[3]	0	1	0	0	[1]	[1]	0
0	0	0	7	7	0	0	0	0	0	0	0	0	0

Abb. 4.16. Zwischenergebnis

0	0	0	0	0	0	0	0	0	0	0	0	0	0
0	0	0	0	0	1	1	0	0	2	2	0	0	0
0	0	1	1	1	1	1	0	0	2	0	0	1	0
0	0	0	0	1	0	1	0	0	0	0	0	1	0
0	1	1	1	1	1	1	1	1	1	1	1	1	0
0	0	0	1	1	1	1	1	1	1	1	1	1	0
0	6	0	0	0	0	1	0	1	0	0	1	1	0
0	0	0	7	7	0	0	0	0	0	0	0	0	0

Abb. 4.17. Ausgabebild

Die Abarbeitung im Fenster geschieht in folgender Reihenfolge:
1. $i-1, j-1$
2. $i-1, j$
3. $i-1, j+1$
4. $i, j-1$

Schließlich erhalten wir das segmentierte Ausgabebild (Abb. 4.17).

Das Zeilenkoizidenzverfahren liefert noch weitere Informationen, z.B.:
— Lage der Komponenten im Bild
— Flächeninhalt der Komponenten

Die vorgestellten Verfahren können auch auf Eingabebilder der Art

$$G_E = (g_E(i, j)), \quad g_E(i, j) \in \{0, 1, \cdots, n\}$$

angewendet werden.
Man hat dann $n + 1$ disjunkte Teilmengen

$$M_0, \cdots, M_n \subseteq P$$

und bestimmt die Komponenten aller dieser Mengen (der Hintergrund M_0 kann auch weggelassen werden).

Es gilt also:

$$P = \bigcup_{k=0}^{n} M_k \quad n \geq 1$$

$$M_k \cap M_{k'} = \emptyset \quad k \neq k'$$

$$M_k = \{(i,j) \in P : g_E(i,j) = k\}$$

Bestimmt wird dann eine Menge aus

$$m = m_0 + m_1 + \cdots + m_n$$

Gebieten

$$\{K_{pq} : p = 0, \cdots, n \quad q = 1, \cdots, m_p\},$$

wobei gilt

$$M_k = \bigcup_{q=1}^{m_k} K_{kq}.$$

❯ 4.4.3 Aufgaben

Aufgabe 4.4.1 Wenden Sie auf das Bild aus Abb. 4.11 das Region Growing Verfahren sowohl für die 4-Nachbarschaft als auch für die 8-Nachbarschaft an.

4.4.1

Aufgabe 4.4.2 Wenden Sie auf das Bild aus Abb. 4.11 das Zeilenkoizidenzverfahren für die 8-Nachbarschaft an.

4.4.2

Aufgabe 4.4.3 Beweisen Sie die Korrektheit des Region Growing Verfahrens.

4.4.3

Aufgabe 4.4.4 Wie kann man die Neunummerierung der Marken im Zeilenkoizidenzverfahren algorithmisch lösen.

4.4.4

4.4.5   **Aufgabe 4.4.5** Beweisen Sie die Korrektheit des Zeilenkoizidenzverfahrens.

4.5 Regionenorientierte Segmentierung

❯ 4.5.1 Allgemeine Definition der Segmentierung

4.14   **Definition 4.14: Mengennachbarschaft**
Zwei Mengen $M_1 \subset P$ und $M_2 \subset P$ einer Nachbarschaftsstruktur $[P, N]$ heißen mengenbenachbart (benachbart), wenn

$$M_1 \cap M_2 = \emptyset$$

und

$$\exists (p, q) \in N : p \in M_1 \quad \text{und} \quad q \in M_2.$$

Die Menge der zu $M \subset P$ benachbarten Mengen heißt Mengennachbarschaft $\mathcal{N}(M)$.

4.15   **Definition 4.15: getrennte Mengen**
Zwei disjunkte Mengen $M_1 \subset P$ und $M_2 \subset P$ einer Nachbarschaftsstruktur $[P, N]$ heißen getrennt, wenn sie nicht mengenbenachbart sind.

4.16   **Definition 4.16: Homogenitätsfunktion**
Eine Funktion

$$h : 2^P \to \{true, false\}$$

die jeder Teilmenge von P *true* oder *false* zuordnet, heißt Homogenitätsfunktion (oder Homogenitätskriterium).
Eine Teilmenge erhält den Wert *true*, falls sie homogen ist, sonst *false*.

4.17   **Definition 4.17: Segmentierung**
Sei

$$h : 2^P \to \{true, false\}$$

eine Homogenitätsfunktion.
Unter einer Segmentierung einer Nachbarschaftsstruktur $[P, N]$ bezüglich h verstehen wir eine Zerlegung (siehe Definition 4.11)

$$Z_S = \{X_1, \cdots, X_n\}$$

von P mit

$$h(X_i) = true \quad \forall i = 1, \cdots, n$$

und

$$h(X_i \cup X_j) = false \quad \forall i,j : i \neq j \quad \text{wobei} \quad X_i, X_j \quad \text{benachbart sind.}$$

Wir betrachten den Zusammenhang zur Komponentenzerlegung (siehe Abschnitt 4.3.3).
Sei dazu

$$P = \{(i,j) : i = 0, \cdots, I-1 \quad j = 0, \cdots, J-1\}$$

$$N = N_4 \quad \text{oder} \quad N = N_8$$

$$M_1 \subseteq P.$$

Eine Homogenitätsfunktion definieren wir wie folgt:

$$h(M) = \begin{cases} true & \text{falls} \quad M \subseteq M_1 \vee M \subseteq (P \setminus M_1) \\ false & \text{sonst} \end{cases}$$

Satz 4.7 Die Komponenten von M_1 und $\bar{M}_1$ bilden eine Segmentierung bezüglich h.

4.7

Beweis 4.7
Dazu ist noch zu zeigen, dass 2 Komponenten von M_1 (analog für $\bar{M}_1$) nicht benachbart (d.h. getrennt) sind.
Seien dazu $K_1, K_2 \subset M_1$ 2 verschiedene Komponenten von M_1 und wir nehmen an, dass K_1 und K_2 benachbart sind. Dann gilt

$$\exists p, q : (p,q) \in N, \quad p \in K_1, \quad q \in K_2.$$

Hieraus folgt: p und q sind bezüglich M_1 verbunden. Damit gilt: $K_1 = K_2$ (Widerspruch)

Somit sind K_1 und K_2 nicht benachbart.

4.8

Beispiel 4.8 Wir betrachten das folgende Eingabebild G_E (Abb. 4.18) mit

$$G_E = (g_E(i,j)), \quad g_E(i,j) \in \{1,2,3\}.$$

1	1	1	2	2
1	2	2	2	3
3	2	2	3	1
3	3	2	2	2
1	3	1	1	2
1	1	1	1	2

Abb. 4.18. Ein einfaches Bild

Weiter sei

$$P = \{(i,j) : i = 0, \cdots, 5 \quad j = 0, \cdots, 4\}$$

$$N = N_4$$

und

$$M_k = \{(i,j) : g_E(i,j) = k\}, \quad k = 1,2,3.$$

Eine Homogenitätsfunktion definieren wir wie folgt:

$$h(M) = \begin{cases} true & \text{falls} \quad M \subseteq M_1 \vee M \subseteq M_2 \vee M \subseteq M_3 \\ false & \text{sonst} \end{cases}$$

Die Komponenten von M_1, M_2 und M_3 bilden eine Segmentierung bez. h. Damit ergibt sich die folgende eindeutige Segmentierung des Eingabebildes (Abb. 4.19).

4.9

Beispiel 4.9 Wir übernehmen das Beispiel 4.8 und betrachten aber die folgende Homogenitätsfunktion:

$$h(M) = \begin{cases} true & \text{falls} \quad (M \subseteq M_1 \cup M_2) \vee (M \subseteq M_2 \cup M_3) \\ false & \text{sonst} \end{cases}$$

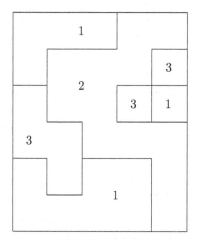

Abb. 4.19. Ergebnis der Segmentierung

Die Grauwerte unterscheiden sich höchtens um 1.
Dann gibt es mehrere mögliche Segmentierungen bezüglich h (Abb. 4.20).

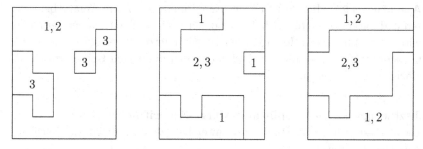

Abb. 4.20. Die Segmentierung ist hier nicht eindeutig.

4.5.2 Algorithmen zur Segmentierung

Wir betrachten 2 mögliche Verfahren. Zunächst wieder Region Growing, das
analog zur Komponentenbestimmung arbeitet. Danach untersuchen wir das
Split-and-Merge-Verfahren.

Programm 4.3 (Region Growing)

Eingabe: P, N, h

while $P <> \emptyset$ do begin

    wähle $p \in P$;

    $P := P \setminus \{p\}$;

    $X := \{p\}$; $T := \{p\}$;

    while $T <> \emptyset$ do begin

        wähle $q \in T$;

        $T := T \setminus \{q\}$;

        bestimme $N(q)$;

        wähle $S \subseteq N(q)$ mit $h(X \cup S) = true$;

        $X := X \cup S$;

        $T := T \cup S$;

        $P := P \setminus S$;

    end;

    Ausgabe: X als ein Objekt der Segmentierung

end;

Anmerkung 4.5.1 Man kann auch mehrere Punkte $p \in P$ am Anfang betrachten und parallel arbeiten. Sobald sich dabei zwei Gebiete einander berühren, wird überprüft, ob das Homogenitätskriterium für die Vereinigung der beiden Gebiete erfüllt ist. Ist dies der Fall, so werden die beiden Gebiete zu einem einzigen verschmolzen.

Jetzt kommen wir zum **Split-and-Merge-Algorithmus**:

Dieser lässt sich nur für Bildraster anwenden, nicht allgemein für Nachbarschaftsstrukturen.

Sei

$$P = \{(i,j) : i = 0, \cdots, I - 1 \quad j = 0, \cdots, J - 1\}$$

und

$$N, h \quad \text{beliebig.}$$

Prinzip:

- **Split-Ansatz:** Ausgehend vom vollständigen Bild wird das Bild rekursiv in Teilgebiete zerlegt (z.B. jedes Teilgebiet in 2×2 Teile), bis jedes der Teilgebiete das Homogenitätskriterium erfüllt.
- **Merge-Ansatz:** Ausgehend von einer feinen Unterteilung des Bildes in Teilgebiete (alle diese Gebiete erfüllen das Homogenitätskriterium) wer-

den benachbarte Gebiete, deren Vereinigung das Homogenitätskriterium erfüllt, zusammengefasst.

– Kombinationen dieser beiden Ansätze führen zu **Split-and-Merge-Algorithmen**.

Die Idee eines möglichen Algorithmus:
1. Eingabe:
   – Ausgangsunterteilung des Bildes in Gebiete:

$$P = \bigcup_{i=1}^{n} R_i$$

   – Homogenitätsfunktion h

2. – Wenn $\exists i : h(R_i) = false$, so zerlege man R_i in 4 Teilgebiete (Split), d.h.:

$$R_i = \bigcup_{j=1}^{4} R_{ij}.$$

Eine Möglichkeit ist die Zerlegung in 4 Quadrate (siehe Abb. 4.21).

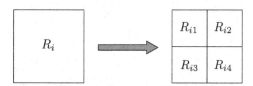

Abb. 4.21. Das Quadrat R_i wird in 4 kleinere Quadrate zerlegt.

   – Wenn die Vereinigung von benachbarten Gebieten der Form

$$R_{i1}, \cdots, R_{i4}$$

   (für ein festes i) das Homogenitätskriterium h erfüllt, so fasse man diese Gebiete zusammen (Merge).
   – Dies wird solange fortgesetzt, bis kein Split oder Merge mehr möglich ist. Man erhält:

$$P = \bigcup_{i=1}^{m} R_i'$$

3. wenn zwei benachbarte Gebiete R_i', R_j' das Homogenitätskriterium h erfüllen, so fasse man diese zusammen (Merge). R_i', R_j' entstanden nicht durch den gleichen Split.

4.10

Beispiel 4.10 Wir betrachten das folgende Bild:

1	1	1	1	2	2	2	2
1	1	1	1	2	2	2	2
3	3	2	2	2	2	2	2
3	3	2	2	2	2	2	2
3	3	3	3	2	2	2	7
3	3	3	3	2	2	8	7
3	3	3	3	3	3	8	8
3	3	3	3	3	3	8	8

Abb. 4.22. Eingabebild für die Segmentierung

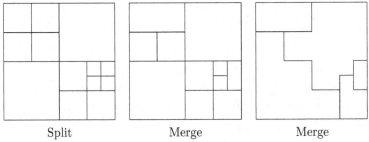

Split   Merge   Merge

Abb. 4.23. Split-and-Merge-Algorithmus

Anmerkung 4.5.2 Die rekursive Unterteilung eines Bildes in 4 Quadrate nennt man auch Quadtree. Sie ist besonders günstig, wenn $I = J = 2^n$.

❯ 4.5.3 Aufgaben

4.5.1

Aufgabe 4.5.1 Segmentieren Sie das Bild aus Abb. 4.22 mit Hilfe des Programmes 4.3. Verwenden Sie verschiedene geeignete Homogenitätsfunktionen.

4.5.2

Aufgabe 4.5.2 Entwerfen Sie ein Programm für den Split-and-Merge-Algorithmus.

4.6 Kantenorientierte Segmentierung

Ziel ist das Finden der Randkanten (Randkonturen) von Gebieten. Sobald man die Kanten gefunden hat, erhält man auch eine Segmentierung des Bildes.

4.6.1 Überblick

Definition 4.18: Kern

Ein Punkt $p \in M$ einer Teilmenge $M \subseteq P$ der Nachbarschaftsstruktur $[P, N]$ heißt Kernpunkt von M, falls

$$N(p) \subseteq M.$$

Die Menge $K(M)$ aller Kernpunkte von $M \subseteq P$ heißt Kern von M.

Definition 4.19: Rand

Ein Punkt $q \in M$, der kein Kernpunkt von M ist, heißt Randpunkt von M. Die Menge $R(M)$ aller Randpunkte von M heißt Rand von M.

Definition 4.20: eindimensional

Sei $[P, N]$ eine Nachbarschaftsstruktur und $K \subseteq P$ eine zusammenhängende Teilmenge. K heißt eindimensionale Kante, wenn

$$\forall p \in K : \quad \mid N(p) \cap K \mid \leq 2.$$

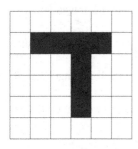

Abb. 4.24. Verzweigte Kante – Ein Pixel hat 3 Nachbarn.

Diese Definition beschreibt keine verzweigten Kanten (Abb. 4.24).

Anmerkung 4.6.1 Eine gute Definition von eindimensional bereitet Schwierigkeiten.

Eine andere Möglichkeit für Bildraster ist

$$\forall p \in K : \quad \text{keine zwei Punkte der Menge} \quad N_8(p) \cap K$$
$$\text{sind benachbart bezüglich } N_4.$$

4.21   **Definition 4.21: Kantenorientierte Segmentierung**

Sei $[P, N]$ eine Nachbarschaftsstruktur. Unter einer kantenorientierten Segmentierung von $[P, N]$ verstehen wir eine Menge von eindimensionalen Kanten

$$\{K_1, K_2, \cdots, K_n\}$$

mit

$$K_i \cap K_j = \emptyset, \quad i \neq j$$

und es existiert eine Zerlegung

$$Z = \{X_1, \cdots, X_m\}$$

von P mit

$$\bigcup_{j=1}^{m} R(X_j) = \bigcup_{i=1}^{n} K_i.$$

Im Folgenden sei $[P, N]$ immer ein Bild.

Um die Kanten $\{K_1, K_2, \cdots, K_n\}$ zu finden, entstehen die folgenden drei Aufgaben:

— **Kantendetektion:** Man erhält eine Menge K kantenverdächtiger Punkte.

— **Kantenverdünnung:** Es wird eine eindimensionale Teilmange von K erzeugt.

— **Kantenverfolgung:** Bisher gefundene Kantensegmente werden verlängert bzw. geschlossen.

Diese drei Aufgaben betrachten wir nun etwas genauer.

4.6.2 Kantendetektion

Hauptinhalt ist die Erkennung von Stellen starker Veränderung des Grau-
werts. Hierzu werden Transformationen aus der Bildverarbeitung genutzt
(Kapitel 2.3.4). Als Ergebnis der Kantendetektion erhält man eine Menge
K kantenverdächtiger Punkte.

4.6.3 Kantenverdünnung

Die Menge K der kantenverdächtigen Punkte enthält i.a. noch Anhäufungen
von Kantenpunkten, die Kanten von mehr als 1 Bildpunkt Breite erzeugen
(K ist nicht eindimensional). Der Zweck der Kantenverdünnung ist es, Punkte
aus K so zu eliminieren, dass eindimensionale Kantensegmente entstehen.

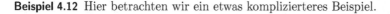

Beispiel 4.11 Wir betrachten die folgende Menge kantenverdächtiger Punkte.   **4.11**
Diese hat die Breite 3 und ist nicht eindimensional. Hier können wir einfach
die linke und rechte Spalte entfernen.

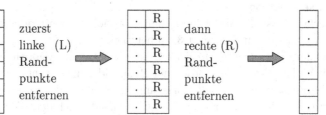

Abb. 4.25. Ein einfaches Beispiel zur Kantenverdünnung

Beispiel 4.12 Hier betrachten wir ein etwas komplizierteres Beispiel.   **4.12**

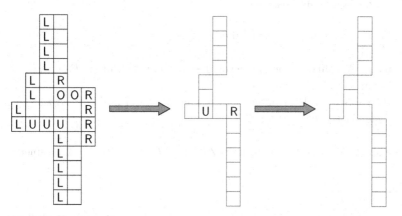

Abb. 4.26. Kantenverdünnung

Hier werden die Randpunkte in der Reihenfolge L (Links), R (Rechts), U (Unten), O (Oben) entfernt. Das Resultat ist von dieser Reihenfolge abhängig. Andere Reihenfolgen sind möglich. Bei der angegebenen Reihenfolge werden vertikale Kantensegmente bevorzugt.

Die Entfernung z.B. aller Punkte L geschieht in einem Schritt.

Wir müssen weiterhin festlegen, wann ein Randpunkt entfernt wird.

Ein z.B. linker Randpunkt wird entfernt, wenn:

— hat einen rechten Nachbarn

— hat keinen linken Nachbarn

— hat mindestens 2 Nachbarn

Dabei wird die 4-Nachbarschaft betrachtet.

Eine allgemeinere Möglichkeit der Kantenverdünnung ist die Skelettierung.

❯ 4.6.4 Skelettierung

Ein Verfahren ist die Skelettierung mit morphologischen Operationen. Dies haben wir bereits im Abschnitt 3.4.5 betrachtet.

Eine andere interessante Möglichkeit ist der folgende Algorithmus von Lü und Wang [35]. Auch hier werden nur Binärbilder untersucht.

Dazu betrachten wir eine $3 \cdot 3$-Maske um den Punkt P des zu skelettierenden Objektes. P gehört immer zum Objekt und hat folglich den Wert 1.

P_1	P_2	P_3
P_8	P	P_4
P_7	P_6	P_5

Abb. 4.27. Maske für die Skelettierung

Die Werte der Elemente P_i sind 0 oder 1.

Weiter sei:

— $A(P)$ – Anzahl der Übergänge von $0 \to 1$, wenn die Punkte $P_1, \cdots, P_8, P_1$ einmal durchlaufen werden.

— $B(P)$ – Anzahl der 1 unter den Punkten $P_1, \cdots, P_8$, also die Anzahl der 8-Nachbarn von P.

Die Abb. 4.28 und 4.29 erläutern die Zahlen $A(P)$ und $B(P)$ an 2 Beispielen.

0	0	1
1	1	0
1	0	0

Abb. 4.28. Hier ist $A(P) = 2$ und $B(P) = 3$.

1	0	1
0	1	1
0	1	0

Abb. 4.29. Hier ist $A(P) = 3$ und $B(P) = 4$.

Bei der zyklischen Abarbeitung unterscheiden wir zwischen geraden

$$2., 4., \ldots$$

und ungeraden

$$1., 3., \ldots$$

Iterationen.

P wird im Objekt gelöscht, wenn

$$3 \leq B(P) \leq 6 \qquad\qquad (4.3)$$

$$A(P) = 1 \qquad\qquad (4.4)$$

und

$$P_4 \wedge P_6 \wedge (P_2 \vee P_8) = false \quad \text{bei gerader Iteration} \qquad (4.5)$$

$$P_2 \wedge P_8 \wedge (P_4 \vee P_6) = false \quad \text{bei ungerader Iteration.} \qquad (4.6)$$

Bei den letzten 2 Bedingungen betrachten wir P_i als logische Variable mit den Werten *true* und *false*.

Es folgen einige Beispiele.

0	0	0
0	P	1
0	0	0

Abb. 4.30. Wegen $B(P) = 1$ wird P nicht entfernt.

1	0	0
1	P	1
0	0	0

Abb. 4.31. Wegen $A(P) = 2$ wird P nicht entfernt.

0	1	0
1	P	1
0	1	0

Abb. 4.32. Wegen $P_4 \wedge P_6 \wedge (P_2 \vee P_8) = true$ und $P_2 \wedge P_8 \wedge (P_4 \vee P_6) = true$ wird P bei keiner Iteration entfernt.

❯ 4.6.5 Aufgaben

4.6.1

Aufgabe 4.6.1 Wird bei der folgenden Situation der Punkt P im Skelettierungsalgorithmus von Lü und Wang entfernt.

0	0	0
0	P	1
1	1	1

4.6.2

Aufgabe 4.6.2 Wann wird bei den folgenden Situationen der Punkt P im Skelettierungsalgorithmus von Lü und Wang entfernt.

0	0	.
0	P	1
.	1	.

Für . kann dabei entweder 0 oder 1 stehen.
Vergleichen Sie das Ergebnis mit der Wirkung des Strukturelementes B^1 aus Abschnitt 3.4.5.

4.6.3

Aufgabe 4.6.3 Wann wird bei den folgenden Situationen der Punkt P im Skelettierungsalgorithmus von Lü und Wang entfernt.

1	.	0
1	P	0
1	.	0

Für . kann dabei entweder 0 oder 1 stehen.
Vergleichen Sie das Ergebnis mit der Wirkung des Strukturelementes B^2 aus Abschnitt 3.4.5.

Aufgabe 4.6.4 Wenden Sie den Skelettierungsalgorithmus von Lü und Wang
auf das folgende Objekt an.

0	0	0	0	0
0	1	1	1	0
0	1	1	1	0
0	0	1	0	0
0	0	1	0	0
0	1	1	1	0
0	1	1	1	0
0	0	0	0	0

Aufgabe 4.6.5 Kommen der Skelettierungsalgorithmus von Lü und Wang und
der im Abschnitt 3.4.5 betrachtete morphologische Algorithmus zum gleichen
Ergebnis?

4.7 Kantenverfolgung

Ziel ist es, die bisher gefundenen Kantensegmente zu verlängern bzw. zu
schließen. Kleinere Teile werden eventuell auch entfernt.

Es entstehen 2 Aufgaben (Abb. 4.33):
1. Wahl eines Startpunktes
2. Sukzessive wird versucht, weitere Punkte der Kante zu finden.

Abb. 4.33. Aufgaben der Kantenverfolgung

Informationen zur Beurteilung, ob ein weiterer Punkt zur Kante (Kantenseg-
ment) gehört sind:
– Informationen im Bild (z.B. Grauwertänderung)
– a priori Informationen (z.B. Form der Kante)

● 4.7.1 Freemancode

Der Freemancode ist ein wichtiges Hilfsmittel für viele Aufgaben in der Bildanalyse.

Sei im weiteren

$$P = \{(i,j) : i = 0, \cdots, I-1, \quad j = 0, \cdots, J-1\}$$

und $N = N_8$.

4.22   **Definition 4.22: Freemancode**

Es seien $p_1, p_2 \in P$ und $(p_1, p_2) \in N_8$. Unter dem Freemancode (Richtung) $r(p_1, p_2)$ von p_1 nach p_2 verstehen wir eine Zahl aus der Menge $\{0, 1, \cdots, 7\}$ mit:

$$r(p_1, p_2) = \begin{cases} 0 & i_1 = i_2 \wedge j_1 = j_2 - 1 \\ 1 & i_1 = i_2 + 1 \wedge j_1 = j_2 - 1 \\ 2 & i_1 = i_2 + 1 \wedge j_1 = j_2 \\ 3 & i_1 = i_2 + 1 \wedge j_1 = j_2 + 1 \\ 4 & i_1 = i_2 \wedge j_1 = j_2 + 1 \\ 5 & i_1 = i_2 - 1 \wedge j_1 = j_2 + 1 \\ 6 & i_1 = i_2 - 1 \wedge j_1 = j_2 \\ 7 & i_1 = i_2 - 1 \wedge j_1 = j_2 - 1 \end{cases} \text{falls}$$

Abbildung 4.34 zeigt dies anschaulich.

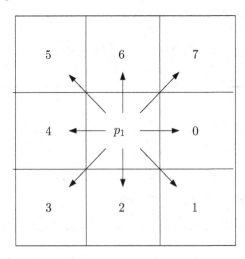

Abb. 4.34. Freemancode

Anmerkung 4.7.1 Man kommt bei der Kodierung mit 3 Bit aus.

Definition 4.23: Addition auf der Menge $\{0, 1, \cdots, 7\}$ der Freemancodes   **4.23**
Sei $c_1, c_2 \in \{0, 1, \cdots, 7\}$. Dann definieren wir die Addition durch

$$c_1 \oplus c_2 := (c_1 + c_2) \bmod 8.$$

Definition 4.24: Subtraktion auf der Menge $\{0, 1, \cdots, 7\}$ der Freemancodes   **4.24**
Sei $c_1, c_2 \in \{0, 1, \cdots, 7\}$. Dann definieren wir die Subtraktion durch

$$c_1 \ominus c_2 := (c_1 - c_2) \bmod 8.$$

Definition 4.25: Winkeldifferenz auf der Menge $\{0, 1, \cdots, 7\}$ der Freemancodes   **4.25**
Sei $c_1, c_2 \in \{0, 1, \cdots, 7\}$. Dann definieren wir

$$c_1 \angle c_2 := \begin{cases} (c_1 - c_2) \bmod 8 & \\ -[(c_2 - c_1) \bmod 8] & \end{cases} \text{falls} \quad \begin{matrix} (c_1 - c_2) \bmod 8 \leq 4 \\ (c_1 - c_2) \bmod 8 > 4. \end{matrix}$$

Diese Operation nennen wir Winkeldifferenz.

Beispiel 4.13: Einige Beispiele für die Winkeldifferenz   **4.13**

$$0 \angle 1 = -[1 \bmod 8] = -1$$
$$1 \angle 0 = 1 \bmod 8 = 1$$
$$0 \angle 7 = -7 \bmod 8 = 1$$
$$7 \angle 0 = -[-7 \bmod 8] = -1$$

Ein Weg

$$w = (p_0, p_1, \cdots, p_n), \quad p_i \in P \quad (i = 0, \cdots, n),$$
$$(p_i, p_{i+1}) \in N_8 \quad (i = 0, \cdots, n-1)$$

kann nun auch folgendermaßen beschrieben werden

$$w = (p_0, C), \quad C = (c_1, c_2, \cdots, c_n),$$
$$c_i = r(p_{i-1}, p_i) \quad (i = 1, \cdots, n).$$

Die Länge des Weges bezeichnen wir mit $\mid w \mid = n$. Der Startpunkt des Weges w ist p_0.

Anmerkung 4.7.2 Mit Hilfe der Operation $\oplus$ kann die Drehung um p_0 eines Weges

$$w = (p_0, C), \quad C = (c_1, c_2, \cdots, c_n)$$

um $m \cdot \frac{\pi}{4}$ nun folgendermaßen beschrieben werden:

$$w_D = (p_0, C_D), \quad C_D = (c_1 \oplus m, c_2 \oplus m, \cdots, c_n \oplus m)$$

Wenn $m = 2k$, dann bleibt die Form des Weges erhalten (Drehung um Vielfache von 90°).

4.14   **Beispiel 4.14** Drehung um $90° = 2 \cdot \frac{\pi}{4}$.

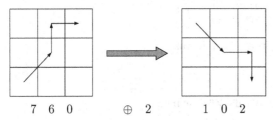

$$7 \quad 6 \quad 0 \qquad \oplus \quad 2 \qquad 1 \quad 0 \quad 2$$

Abb. 4.35. Eine Drehung um 90° mit Hilfe des Freemancodes.

❯ 4.7.2 Kantenverfolgung – Suchen von Wegen

Die Kantenverfolgung kann nun als Finden eines Weges beschrieben werden. Ausgehend vom Startpunkt p_0 werden immer wieder neue Nachbarpunkte bezüglich der 8-Nachbarschaft zum Weg hinzufügt, bis ein geeigneter Weg gefunden ist. Dabei kann der Endpunkt des Weges vorgegeben sein oder man sucht einen Weg einer bestimmten Länge k.

Es gibt nun insgasamt 8^k mögliche solche Wege der Länge k. Diese große Suchmenge muss eingeschränkt werden.

Dazu gibt es zahlreiche Möglichkeiten.

4.15   **Beispiel 4.15** Unser gesuchter Weg

$$(p_0, C), \quad C = (c_1, \cdots, c_k), \quad c_i \in \{0, 1, \cdots, 7\} \quad i = 1, \cdots, k$$

soll folgende Eigenschaft erfüllen

$$\mid c_{i-1} \angle c_i \mid \le a \in \{1, 2\} \quad i = 2, \cdots, k.$$

Wir schränken hier die lokale Wegkrümmung ein. oft genügt schon $a = 1$.
Falls $a = 1$, $c_1 = 0$ und $k = 2$, so erhalten wir 3 mögliche Wege (Abb. 4.36).

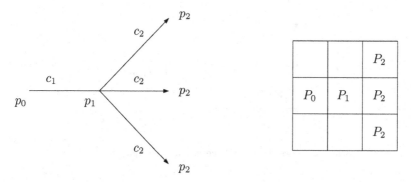

Abb. 4.36. Wege der Länge 2 und lokale Wegkrümmung

Falls $k = 3$, so erhalten wir 9 mögliche Wege (Abb. 4.37).

				P_3
			P_2	P_3
P_0	P_1	P_2	P_3	
			P_2	P_3
				P_3

Abb. 4.37. Wege der Länge 3 und lokale Wegkrümmung

Beispiel 4.16 Hier betrachten wir einen eingeschränkten Winkelbereiches um den Startpunkt (Abb. 4.38).   **4.16**
Unser gesuchter Weg

$$(p_0, C), \quad C = (c_1, \cdots, c_k), \quad c_i \in \{0, 1, \cdots, 7\} \quad i = 1, \cdots, k$$

soll folgende Eigenschaft erfüllen

$$| c_i \angle c_1 | \leq c_{max} \in \{1,2,3,4\} \quad i = 2, \cdots, k.$$

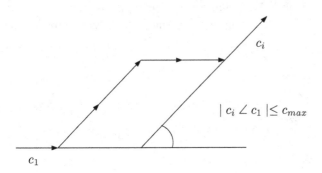

Abb. 4.38. Einschränkung des Winkelbereiches um den Startpunkt

4.7.3 Aufbau einer Kostenfunktion und Anwendung von Suchverfahren

Die Knotenmenge $\{p_0, \cdots, p_k\}$ und die Kantenmenge $\{c_1, \cdots, c_k\}$ kann als Graph aufgefasst werden (siehe Abb. 4.36).

Gesucht ist dann ein möglichst optimaler Weg bezüglich einer Kostenfunktion von p_0 zu einem der Zielknoten p_k. Dabei können Suchverfahren wie Tiefensuche, Breitensuche, A^* angewendet werden. Solche Verfahren werden z.B. in [44] behandelt.

Die Kostenfunktion enthält Angaben über die Grauwertänderung entlang des Weges und über die Form des Weges.

4.7.4 Aufgaben

4.7.1   **Aufgabe 4.7.1** Beschreiben Sie den Weg aus Abb. 4.39 mit Hilfe des Freemancodes. Der Startpunkt sei $(1,1)$.

4.7.2   **Aufgabe 4.7.2** Drehen Sie den Weg aus Abb. 4.39 um 90° (180°) um den Startpunkt $(1,1)$. Benutzen Sie dabei die Darstellung des Weges im Freemancode.

0	0	0	0	0	0	0	0
0	0	0	0	0	0	0	0
0	0	0	0	0	0	0	0
0	0	0	0	0	0	1	0
0	0	1	1	0	0	1	0
0	1	0	0	1	0	1	0
0	1	0	0	1	1	0	0
0	0	0	0	0	0	0	0

Abb. 4.39. Ein einfacher Weg, der durch die Einsen repräsentiert wird.

Aufgabe 4.7.3 Berechnen Sie: 4.7.3

$$2 \oplus 3$$
$$5 \oplus 6$$
$$3 \ominus 1$$
$$1 \ominus 3$$

Aufgabe 4.7.4 Berechnen Sie die Winkeldifferenzen: 4.7.4

$$2 \angle 5$$
$$5 \angle 2$$
$$1 \angle 1$$
$$1 \angle 3$$

4.8 Gebietsnachbarschaftsgraph   4.8

Wir betrachten nun einige Begriffe, die einen Zusammenhang zwischen den Segmenten herstellen. Zur Beschreibung benutzt man Graphen. Die Knoten entsprechen den Segmenten und die Kanten beschreiben geometrische Relationen zwischen den Segmenten.

Solche Relationen können sein:

— benachbart
— umgibt
— links (rechts) von
— über

Solche Graphen kann man dann bei der Objektklassifikation benutzen.

4.26

Definition 4.26: Gebietsnachbarschaftsgraph

Sei $[P, N]$ eine Nachbarschaftsstruktur,

$$h : 2^P \rightarrow \{true, false\}$$

eine Homogenitätsfunktion und

$$Z_S = \{X_1, X_2, \cdots, X_n\}$$

eine Segmentierung bezüglich h.
Der Graph

$$G_N = [Z_S, K_N]$$

(Z_S – Knoten, K_N – Kanten) mit:

$$(X_i, X_j) \in K_N \quad \leftrightarrow \quad X_i \quad \text{und} \quad X_j \quad \text{sind benachbart}$$

heißt Gebietsnachbarschaftsgraph.

4.27

Definition 4.27: Gebietshierarchie

Sei $[P, N]$ eine Nachbarschaftsstruktur,

$$P = \{(i, j) : i = 0, \cdots, I - 1 \quad j = 0, \cdots, J - 1\},$$

$$N = N_4 \quad \text{oder} \quad N_8,$$

$$h : 2^P \rightarrow \{true, false\}$$

eine Homogenitätsfunktion und

$$Z_S = \{X_1, X_2, \cdots, X_n\}$$

eine Segmentierung bezüglich h.
Der Graph

$$G_H = [Z_S, K_H]$$

(Z_S – Knoten, K_H – Kanten) mit:

$$(X_i, X_j) \in K_H \quad \leftrightarrow \quad (X_i, X_j) \in K_N \quad \text{und} \quad X_i \quad \text{umgibt} \quad X_j$$

heißt Gebietshierarchie.

Auf eine exakte Definition der Relation – umgibt – verzichten wir hier.

Definition 4.28: Umgibtgraph   **4.28**

Sei $G_H = [Z_S, K_H]$ eine Gebietshierarchie. Der Graph

$$G_U = [Z_S, K_U]$$

(Z_S – Knoten, K_U – Kanten) mit:

$$K_U \quad \text{transitive Hülle von} \quad K_H$$

heißt Umgibtgraph.

Beispiel 4.17 Die folgende Abb. 4.40 zeigt das Ergebnis der Segmentierung: **4.17**

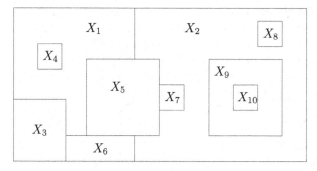

Abb. 4.40. Ergebnis der Segmentierung eines Bildes

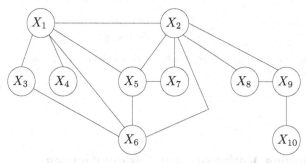

Abb. 4.41. Gebietsnachbarschaftsgraph – Die Knoten sind die 10 Segmente und eine Kante verbindet benachbarte Segmente.

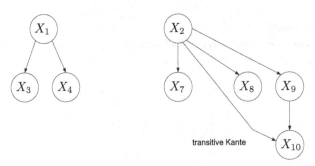

Abb. 4.42. Gebietshierarchie – Umgibtgraph mit einer transitiven Kante

Beispiel 4.18 Neben der Umgibtkante können noch weitere Relationen zwischen Segmenten betrachtet werden:

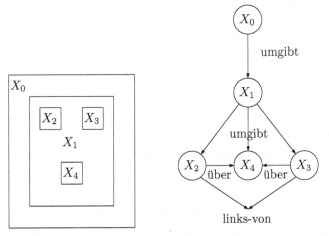

Abb. 4.43. Bildsegmentierung und zugehöriger Graph zur Beschreibung der Relationen zwischen den Segmenten.

4.9 Modellabhängige Verfahren zur Segmentierung

Hier benutzen wir Wissen über die geometrische Form der gesuchten Segmente.

4.9.1 Matchen

Sei

$$G_E = (g_E(i,j)), \quad i = 0, \cdots, I-1, j = 0, \cdots, J-1$$

das Eingabebild und

$$A = (a(i_1, j_1)), \quad i_1 = 0, \cdots, a_1, j_1 = 0, \cdots, a_2$$

ein vorgegebenes Muster, das wir im Eingabebild suchen (Abb. 4.44).
Dazu berechnen wir für alle Plazierungen

$$(l,m): \quad l = 0, \cdots, I-1, \quad m = 0, \cdots, J-1$$

des Musters im Eingabebild ein Maß für die Ähnlichkeit

$$d(l,m) = \sum_{(i,j)\in I_{lm}} [g_E(i,j) - a(i-l, j-m)]^2,$$

wobei

$$I_{lm} = \{(i,j) : i - l \in \{0, \cdots, a_1\} \quad j - m \in \{0, \cdots, a_2\}\}.$$

Das Muster ist im Bild vorhanden und befindet sich am Ort (l, m), wenn

$$d(l,m) < T_0.$$

T_0 ist ein vorgegebener Schwellwert.

Abb. 4.44. Ein Bild (links) und ein Muster (rechts).

❯ 4.9.2 Hough-Transformation

Die Hough-Transformation wird oft zur Detektion von Geraden im Bild benutzt. Dadurch kann man Segmente finden, die durch geradlinige Kanten begrenzt werden. Aber auch Kreise oder Ellipsen können gefunden werden.

Die Vorgehensweise beschreiben wir zunächst ganz allgemein, bevor auf konkrete Anwendungen eingegangen wird.
Es sei

$$p = (p_1, \cdots, p_n) \in R^n$$

ein Vektor von Parametern zur Beschreibung eines Objektes.
$p \in R^n$ repräsentiert ein konkretes Objekt, z.B. eine Gerade oder einen Kreis in der Ebene R^2.
Weiter sei

$$G_E = (g_E(i,j)), \quad i = 0, \cdots, I-1, j = 0, \cdots, J-1$$

ein binäres Eingabebild, also

$$g_E(i,j) \in \{0,1\}.$$

Die Punkte (i,j) mit $g_E(i,j) = 1$ können z.B. kantenverdächtige Punkte sein, die man mit Operatoren der Bildverarbeitung bereits herausgefiltert hat.

$$f(i,j,p)$$

sei eine beliebige Funktion mit Werten aus R und

$$A \subseteq R^n = \{(p_1, \cdots, p_n)\}$$

eine endliche Teilmenge (z.B. ein Gitter).
$\forall p \in A$ berechnen wir die Summe

$$d(p) = \sum_{(i,j) \text{ mit } g_E(i,j)=1} H(i,j,p),$$

wobei

$$H(i,j,p) = \begin{cases} 1 & \text{falls} \quad f(i,j,p) = 0 \\ 0 & \text{sonst.} \end{cases}$$

Das Objekt gilt mit der Parameterkombination p als gefunden, wenn

$$d(p) > T_1,$$

wobei T_1 ein vorgegebener Schwellwert ist.

Beispiel 4.19 Wir suchen nun Geraden. Dazu sei $n = 2$, $p = (\rho, \theta) \in R^2$ und   **4.19**

$$f(i,j,\rho,\theta) = i\cos(\theta) + j\sin(\theta) - \rho.$$

$p = (\rho, \theta) \in R^2$ beschreibt eine Gerade mit Hilfe der Hesseschen Normalform:

$$\rho = i\cos(\theta) + j\sin(\theta)$$

ρ ist der Abstand vom Nullpunkt zur Geraden und θ ist der Winkel zwischen der i-Achse und dem Lot vom Nullpunkt auf die Gerade (Abb. 4.45).

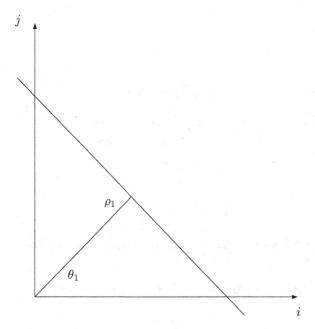

Abb. 4.45. Hessesche Normalform einer Geraden

Der Parameterraum ist zweidimensional (Abb. 4.46).

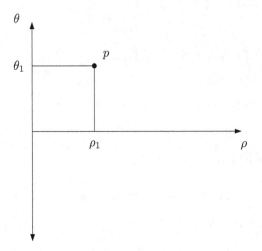

Abb. 4.46. Parameterraum

Die Abb. 4.47 zeigt eine Menge von Geraden durch einen Punkt und die Abb. 4.48 drei Punkte auf einer Geraden und die Verbindung zum Parameterraum.

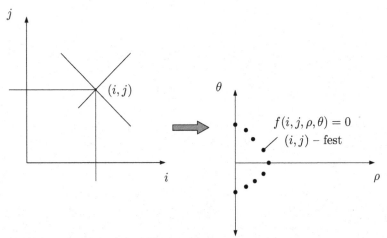

Abb. 4.47. Eine Schar von Geraden durch einen Punkt (i, j) erscheint im Parameterraum als eine Punktmenge.

Die Parameter ρ und θ werden diskretisiert, z.B. in Form eines Gitters

$$\rho = \rho_1, \dots, \rho_k, \quad \theta = \theta_1, \dots, \theta_l.$$

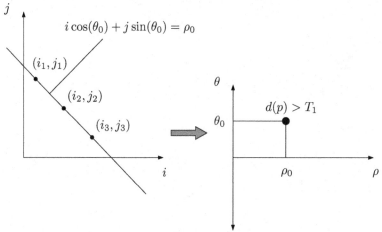

Abb. 4.48. Eine Gerade durch 3 Punkte erscheint nur an einer Stelle p im Parameterraum. Dafür ist der Wert von $d(p)$ aber schon 3.

Für diese endlich vielen Parameterkombinationen

$$p = (\rho, \theta), \quad \rho = \rho_1, \ldots, \rho_k, \quad \theta = \theta_1, \ldots, \theta_l$$

berechnen wir die Summe

$$d(p) = \sum_{(i,j) \text{ mit } g_E(i,j)=1} H(i,j,p),$$

wobei

$$H(i,j,p) = \begin{cases} 1 & \text{falls} \quad f(i,j,\rho,\theta) = i\cos(\theta) + j\sin(\theta) - \rho = 0 \\ 0 & \text{sonst.} \end{cases}$$

Die Werte $d(p)$ können im Parameterraum bildlich dargestellt werden.
$d(p)$ kann als Grauwert interpretiert werden.
Schließlich sucht man alle p mit

$$d(p) > T_1.$$

Dies entspricht einer Menge von Geraden im Eingabebild (Abb. 4.49).

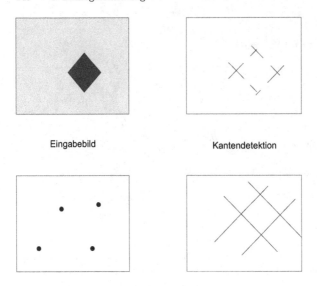

Eingabebild   Kantendetektion

Parameterraum   gefundene Geraden

Abb. 4.49. Das Eingabebild wird mit den Operationen der Bildverarbeitung auf Kanten untersucht. Im Parameterraum finden wir 4 markante Punkte und damit 4 Geraden im Eingabebild.

Ein weiteres Beispiel zeigen die Abb. 4.50, 4.51 und 4.52.

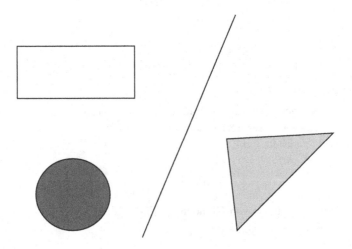

Abb. 4.50. Eingabebild

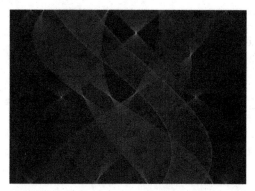

Abb. 4.51. Im Parameterraum finden wir 8 markante Einträge für die 8 Geraden im Eingabebild.

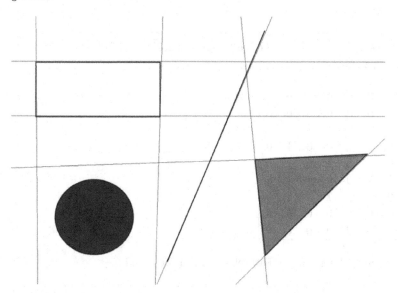

Abb. 4.52. Das Ergebnis der Haughtransformation

Um die geradlinig begrenzten Segmente zu finden, ist aber noch eine Nachbearbeitung nötig, da man nicht die gesamtem Geraden benötigt, sondern nur Teilstrecken dieser Geraden.

Beispiel 4.20 Wir suchen nach den Mittelpunkten von Kreisen mit dem gegebenen Radius R_0. Dazu setzen wir $n = 2$, $p = (x, y) \in R^2$ und

$$f(i, j, x, y) = (i - x)^2 + (j - y)^2 - R_0^2.$$

4.20

Anmerkung 4.9.1 R kann auch ein dritter Parameter sein. Dann suchen wir beliebige Kreise. Bei mehr als 2 Parametern kann allerdings der Rechenaufwand schon sehr groß werden.

❯ 4.9.3 Aufgaben

4.9.1   **Aufgabe 4.9.1** Welche Vorteile hat die Benutzung der Hesseschen Normalform?

4.9.2   **Aufgabe 4.9.2** Wie kann man die Parameter $p = (\rho, \theta)$ am günstigsten diskretisieren?

4.9.3   **Aufgabe 4.9.3** Untersuchen Sie die Houghtransformation für Geraden im folgenden Eingabebild.

0	0	0	0	0	0	0	0
0	0	0	0	0	0	0	0
0	0	1	1	1	1	1	0
0	0	1	1	0	0	1	0
0	0	1	0	1	0	1	0
0	0	1	0	0	1	1	0
0	0	1	1	1	1	1	0
0	0	0	0	0	0	0	0
0	0	0	0	0	0	0	0

Wählen Sie dazu geeignete Diskretisierungen für ρ und θ.

4.9.4   **Aufgabe 4.9.4** Wie kann man aufeinander senkrecht stehende Geraden mit der Houghtransformation finden?

4.9.5   **Aufgabe 4.9.5** Welcher anderer Paramaterraum (als im Beispiel 4.20) ist für die Detektion von Kreisen auch möglich?

4.9.6   **Aufgabe 4.9.6** Beschreiben Sie die Houghtransformation zur Detektion von Ellipsen.

Kapitel 5

Merkmale von Objekten

5

5

5	**Merkmale von Objekten**	

5 Merkmale von Objekten

5.1 Einführung

Zur automatischen Erkennung von Objekten in Bildern sind Verfahren erforderlich, die Merkmale von Segmenten oder Objekten aus Bildern extrahieren. Diese Merkmale dienen zur
- charakteristischen Beschreibung von Objekten
- wesentlichen Unterstützung bei der Objekterkennung.

Eine Voraussetzung für die Merkmalsextraktion ist die Segmentierung des Bildes in einzelne Segmente, für die dann Merkmale berechnet werden. Mit Hilfe dieser Merkmale möchte man dann die Segmente bestimmten Objekten zuordnen.

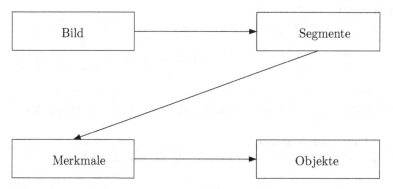

Abb. 5.1. Wesentliche Schritte der Objekterkennung

Dafür braucht man Merkmale, die zwei beinahe unvereinbare Kriterien erfüllen sollten:
- Sie müssen zum einen aus Bildern berechnet werden können, also auf konkreten Abbildungen von Objekten basieren.
- Zum anderen müssen sie von den Besonderheiten einer konkreten Abbildung unabhängig sein, d.h. invariant bezüglich:
  - Verschiebung
  - Drehung
  - Maßstabsänderung
  - Betrachterperspektive
  - Beleuchtung
  - teilweiser Verdeckung

Natürlich kann man die angegebenen Forderungen nur näherungsweise erfüllen. Die Suche nach geeigneten derartigen Merkmalen ist aktueller Forschungsgegenstand.

5.2 Geometrische Merkmale

5.2.1 Fläche eines Segmentes

Die einfachste Möglichkeit zur Flächenberechnung ist die Anzahl der Pixel, die zum Segment B gehören

$$F_1 = |\{(i,j) : (i,j) \in B\}|. \tag{5.1}$$

Falls ein Segment ein Polygon ohne Löcher ist und man die Koordinaten (u_i, v_i), $i = 0, \ldots, N-1$ der Randkontur kennt, kann man die Gauß'sche Flächenformel für Polygone benutzen.

$$F_2 = \frac{1}{2} \left| \sum_{i=0}^{N-1} \left(u_i \cdot v_{[(i+1) \bmod N]} - u_{[(i+1) \bmod N]} \cdot v_i \right) \right| \tag{5.2}$$

Dabei können F_1 und F_2 durchaus verschiedene Ergebnisse liefern.
Eine weitere Möglichkeit ist die Benutzung der Momente (Abschnitt 5.3).

5.2.2 Umfang eines Segmentes

Die einfachste Möglichkeit ist die Bestimmung der Anzahl der Randpixel des Segmentes B

$$U_1 = |\{(i,j) : (i,j) \in R(B)\}|. \tag{5.3}$$

Eine geschlossene Randkontur

$$R(B) = \{p_1, p_2, \ldots, p_M\}$$

kann man auch mit Hilfe des Freemancodes (Definition 4.22)

$$C_{R(B)} = \{c_0, c_1, \ldots, c_{M-2}, c_{M-1}\}$$

beschreiben.

Dabei gilt

$$c_0 = r(p_1, p_2)$$
$$c_1 = r(p_2, p_3)$$
$$c_i = r(p_{i+1}, p_{i+2}), \quad i = 0, 1, \ldots, M - 2$$
$$c_{M-1} = r(p_M, p_1).$$

Der Umfang kann dann mit der Formel

$$U_2 = \sum_{i=0}^{M-1} l(c_i) \tag{5.4}$$

berechnet werden, wobei

$$l(c) = \begin{cases} 1 & \text{falls } c = 0, 2, 4, 6 \\ \sqrt{2} & \text{falls } c = 1, 3, 5, 7 \end{cases}$$

gilt.

Oft korrigiert man das Ergebnis noch:

$$U_{korr} = 0.95 \cdot U_2$$

❯ 5.2.3 Kompaktheit eines Segmentes

Die Kompaktheit oder Rundheit wird folgendermaßen berechnet:

$$K = \frac{U^2}{4\pi \cdot F} \tag{5.5}$$

K ist gleich 1 für einen Kreis und wird umso größer, je länger der Umfang eines Segments im Verhältnis zu seinem Flächeninhalt ist.

Für ein Quadrat mit der Seitenlänge a gilt:

$$K = \frac{16a^2}{4\pi a^2} = \frac{16}{4\pi} > 1$$

Für ein Rechteck mit den Seitenlängen a und $4a$ gilt:

$$K = \frac{100a^2}{4\pi 4a^2} = \frac{25}{4\pi} > \frac{16}{4\pi}$$

Für ein gleichseitiges Dreieck mit der Seitenlänge a gilt:

$$K = \frac{9a^2}{4\pi \frac{a^2}{4}\sqrt{3}} \approx \frac{20.78}{4\pi}$$

Manchmal bezeichnet man auch den Kehrwert $\frac{1}{K}$ als Kompaktheit.

❷ 5.2.4 Umschreibende Rechtecke

Zunächst kann man das kleinste umschreibende achsenparallele Rechteck bestimmen (Abb. 5.2).
Die Koordinaten $(i_1, j_1), (i_1, j_2), (i_2, j_2), (i_2, j_1)$ der Eckpunkte des Rechtecks erhält man wie folgt:

$$i_1 = \min_{(i,j)\in B} i$$

$$i_2 = \max_{(i,j)\in B} i$$

$$j_1 = \min_{(i,j)\in B} j$$

$$j_2 = \max_{(i,j)\in B} j$$

Abb. 5.2. Kleinstes umschreibendes achsenparalleles Rechteck

Damit hat man auch die Höhe

$$H = i_2 - i_1$$

und Breite

$$B = j_2 - j_1$$

eines Segmentes.
Das Verhältnis von Höhe zur Breite nennt man Aspekt Ratio.
Dies wird auch oft über $|\log(H/B)|$ berechnet, da dann

$$|\log(H/B)| = |\log(B/H)|.$$

Man kann auch das umschreibende Rechteck minimaler Fläche mit analogen Merkmalen betrachten.
Ein weiteres Merkmal ist der Füllungsgrad. Er gibt an, wieviel Prozent des umschreibenden Rechtecks von einem Segment ausgefüllt werden.

⊗ 5.2.5 Konvexe Hülle eines Segmentes

Die konvexe Hülle kann man mit morphologischen Operationen bestimmen (siehe Abschnitt 3.4.4).

⊗ 5.2.6 Weitere geometrische Merkmale

Neben Rechtecken kann man auch andere umschreibende n-Ecke betrachten. Ein wichtiger Fall ist $n = 8$.
Eine weitere Möglichkeit ist die kleinste umschreibende Ellipse.

5.3 Momente   5.3

Momente dienen zum Finden von Merkmalen, die invariant sind gegenüber Translation, Rotation, Skalierung oder auch allgemeinen affinen Transformationen.
Sei

$$P = \{(i,j) : i = 0, \cdots, I - 1 \quad j = 0, \cdots, J - 1\}$$

ein Bildraster und

$$B = \{(i,j) \in P : (i,j) \in Objekt\}$$

eine Teilmenge von P, die ein Segment repräsentiert.

Definition 5.1: Moment   5.1

Das Merkmal

$$m_{pq}(B) = \sum_{(i,j)\in B} i^p j^q$$

heißt Moment (p, q)-ter Ordnung.

In dieser Form hängen die Momente von der Position des Segmentes B im Bildraster P ab, so dass eine Translationsinvarianz nicht gegeben ist.

Beispiel 5.1 Das Moment $(0, 0)$-ter Ordnung   5.1

$$m_{00}(B) = \sum_{(i,j)\in B} 1$$

entspricht der Fläche von B.

5.2   **Beispiel 5.2** Das Moment $(1, 0)$-ter Ordnung ist gleich

$$m_{10}(B) = \sum_{(i,j)\in B} i.$$

5.3   **Beispiel 5.3** Das Moment $(0, 1)$-ter Ordnung ist gleich

$$m_{01}(B) = \sum_{(i,j)\in B} j.$$

5.4   **Beispiel 5.4** Das Moment $(1, 1)$-ter Ordnung ist gleich

$$m_{11}(B) = \sum_{(i,j)\in B} i \cdot j.$$

Die Schwerpunktkoordinaten eines Segmentes sind

$$i_c(B) = \frac{m_{10}(B)}{m_{00}(B)}$$

$$j_c(B) = \frac{m_{01}(B)}{m_{00}(B)}.$$

Diese benutzen wir nun.

5.2   **Definition 5.2: Zentriertes Moment**

Das Merkmal

$$\mu_{pq}(B) = \sum_{B}(i - i_c(B))^p(j - j_c(B))^q$$

heißt zentriertes Moment (p, q)-ter Ordnung.

5.1   **Satz 5.1** Diese zentrierten Momente sind invariant gegenüber Translation

Beweis 5.1
Sei (a, b – feste reelle Zahlen)

$$B_T = \{(i_T, j_T) \in P : i_T = i + a, \quad j_T = j + b, \quad (i, j) \in B\}.$$

Dann gilt:

$$i_c(B_T) = \frac{\sum\limits_{(i_T, j_T) \in B_T} i_T}{m_{00}(B_T)}$$

$$= \frac{\sum\limits_{(i_T, j_T) \in B_T} i_T}{m_{00}(B)}$$

$$= \frac{\sum\limits_{(i,j) \in B} (i + a)}{m_{00}(B)}$$

$$= i_c(B) + a$$

Analog zeigt man:

$$j_c(B_T) = j_c(B) + b$$

Hieraus folgt:

$$\mu_{pq}(B_T) = \sum\limits_{(i_T, j_T) \in B_T} (i_T - i_c(B_T))^p (j_T - j_c(B_T))^q$$

$$= \sum\limits_{(i,j) \in B} (i + a - (i_c(B) + a))^p (j + b - (j_c(B) + b))^q$$

$$= \sum\limits_{(i,j) \in B} (i - i_c(B))^p (j - j_c(B))^q$$

$$= \mu_{pq}(B)$$

Definition 5.3: Normiertes Moment   **5.3**

Das Merkmal

$$\eta_{pq}(B) = \frac{\mu_{pq}(B)}{\mu_{00}(B)^\gamma} \quad \text{mit} \quad \gamma = \frac{p + q}{2} + 1$$

heißt normiertes zentriertes Moment (p, q)-ter Ordnung.

Diese Momente sind invariant gegenüber Ähnlichkeitstransformationen.

5.5   **Beispiel 5.5**

$$\eta_{00}(B) = \frac{\mu_{00}(B)}{\mu_{00}(B)^1} = 1$$

5.6   **Beispiel 5.6**

$$\eta_{20}(B) = \frac{\mu_{20}(B)}{\mu_{00}^2(B)} = \frac{\sum\limits_{(i,j)\in B} (i - i_c(B))^2}{m_{00}^2(B)}$$

Ausgehend von den normierten zentrierten Momenten können auch rotationsinvariante Merkmale berechnet werden:

$$\Phi_1(B) = \eta_{20}(B) + \eta_{02}(B)$$
$$\Phi_2(B) = (\eta_{20}(B) - \eta_{02}(B))^2 + 4\eta_{11}^2(B)$$
$$\Phi_3(B) = (\eta_{30}(B) - 3\eta_{12}(B))^2 + (3\eta_{21}(B) - \eta_{03}(B))^2$$
$$\Phi_4(B) = (\eta_{30}(B) + \eta_{12}(B))^2 + (\eta_{21}(B) + \eta_{03}(B))^2$$

Es gibt noch 3 weitere solche Merkmale (siehe [1]).
Mit Hilfe der normierten zentrierten Momente kann auch die Orientierung (Richtung der Hauptachse) eines Segmentes berechnet werden:

$$\varphi(B) = \frac{1}{2} \arctan \frac{2\eta_{11}(B)}{\eta_{20}(B) - \eta_{02}(B)}$$

5.4

5.4 Lauflängenkodierung

Dieses Merkmal ist keine reelle Zahl, sondern eine Menge von Tripeln.

5.4   **Definition 5.4: Lauf**

Unter einem Lauf verstehen wir ein Tripel

$$(s, z, n),$$

wobei s die Spalte, z die Zeile und n die Länge eines zusammenhängenden Bereichs von horizontal aneinandergrenzenden Segmentpunkten ist.

Definition 5.5: Lauflängenkodierung   **5.5**
Unter einer Lauflängenkodierung versteht man eine Menge von Läufen.

Beispiel 5.7 Wir betrachten das folgende Bild (Abb. 5.3):   **5.7**

8	0	0	0	1	0	0	1	0
7	0	0	0	0	1	1	1	0
6	0	0	0	0	1	1	1	1
5	0	0	0	0	1	1	0	0
4	0	0	0	1	1	0	0	0
3	0	0	0	1	1	1	1	0
2	0	0	0	0	0	0	0	0
1	0	0	0	0	0	0	0	0
0	0	0	0	0	0	0	0	0
	0	1	2	3	4	5	6	7

Abb. 5.3. Ein einfaches Segment, das durch die Einsen repräsentiert wird.

Die Lauflängenkodierung ist dann die folgende Menge von Läufen:

$$\{(3,8,1),(6,8,1),(4,7,3),(4,6,4),(4,5,2),(3,4,2),(3,3,4)\}$$

Die Lauflängenkodierung erlaubt eine einfache Berechnung der Fläche und des Schwerpunktes eines Segmentes.

Programm 5.1

```
type
  lauftype = record
                s : integer;
                z : integer;
                n : integer;
                end;
var
  lauf : array[1..num_laeufe] of lauftype;
begin
  for r:=1 to num_laeufe do begin
      z := lauf[r].z;
      s := lauf[r].s;
      n := lauf[r].n;
      flaeche := flaeche + n;
      summe_z := summe_z + z*n;
      summe_s := summe_s + s*n + (n-1)*n/2;
```

```
                    end;
                schwerpunkt_x := summe_s / flaeche;
                schwerpunkt_y := summe_z / flaeche;
                end.
```

5.5 Eulerzahl

Wir betrachten hier Binärbilder.

Definition 5.6: Eulerzahl
Die Eulerzahl E ist definiert durch

$$E = B - L,$$

wobei B die Anzahl der Segmente und L die Anzahl der Löcher (Hintergrund, welcher von einem Segment umgeben wird).

Man beachte, dass die Eulerzahl von der Nachbarschaft (N_4 oder N_8) abhängig ist.

Definition 5.7 Wir schieben ein 2×2 Fenster über das Bild.
Dann sei $n(Q_1)$ die Anzahl der Situationen, wo im Fenster genau eine Eins zu sehen ist. Es gibt 4 Möglichkeiten.

$$\begin{matrix} 0 & 0 \\ 0 & 1 \end{matrix} \quad \text{oder} \quad \begin{matrix} 0 & 0 \\ 1 & 0 \end{matrix} \quad \text{oder} \quad \begin{matrix} 1 & 0 \\ 0 & 0 \end{matrix} \quad \text{oder} \quad \begin{matrix} 0 & 1 \\ 0 & 0 \end{matrix}$$

Abb. 5.4. 4 Situationen bei der Berechnung von $n(Q_1)$.

$n(Q_3)$ sei die Anzahl der Situationen, wo im Fenster genau drei Einsen zu sehen sind. Auch hier gibt es 4 Möglichkeiten.

$$\begin{matrix} 0 & 1 \\ 1 & 1 \end{matrix} \quad \text{oder} \quad \begin{matrix} 1 & 0 \\ 1 & 1 \end{matrix} \quad \text{oder} \quad \begin{matrix} 1 & 1 \\ 1 & 0 \end{matrix} \quad \text{oder} \quad \begin{matrix} 1 & 1 \\ 0 & 1 \end{matrix}$$

Abb. 5.5. 4 Situationen bei der Berechnung von $n(Q_3)$.

Schließlich sei $n(Q_D)$ die Anzahl der Situationen, wo im Fenster zwei diagonal angeordnete Einsen zu sehen sind. Hier gibt es 2 Möglichkeiten.

$$\begin{array}{cc} 1 & 0 \\ 0 & 1 \end{array} \quad \text{oder} \quad \begin{array}{cc} 0 & 1 \\ 1 & 0 \end{array}$$

Abb. 5.6. 2 Situationen bei der Berechnung von $n(Q_D)$.

Satz 5.2 Für die 8-Nachbarschaft gilt: **5.2**

$$E = E_8 = \frac{n(Q_1) - n(Q_3) - 2n(Q_D)}{4} \tag{5.6}$$

Für die 4-Nachbarschaft gilt:

$$E = E_4 = \frac{n(Q_1) - n(Q_3) + 2n(Q_D)}{4} \tag{5.7}$$

Beweis 5.2 Wir betrachten unsere Segmente als Graph G.
Die Knoten sind die Pixel der Segmente, also die Einsen.
Die Kanten verbinden jeweils 2 benachbarte Pixel. Bei der 4-Nachbarschaft
nur horizontal und vertikal. Bei der 8-Nachbarschaft zusätzlich noch diagonal.
Falls sich bei der 8-Nachbarschaft 2 Diagonalen schneiden, entsteht ein zusätzlicher
Knoten und damit auch 4 neue Kanten (Abb. 5.7).
Ohne Beweis benutzen wir die Gleichung

$$E = e - k + f$$

aus der Graphentheorie.
Dabei ist
e – die Anzahl der Knoten von G,
k – die Anzahl der Kanten von G
und
f – die Anzahl der von den Kanten gebildeten Flächen (Abb. 5.7).
Nun gilt bei der 4-Nachbarschaft

$$e = \frac{n(Q_1) + 2n(Q_2) + 2n(Q_D) + 3n(Q_3) + 4n(Q_4)}{4} \tag{5.8}$$

$$f = n(Q_4) \tag{5.9}$$

und

$$k = \frac{n(Q_2) + 2n(Q_3) + 4n(Q_4)}{2}. \tag{5.10}$$

Die Zahlen $n(Q_2)$ und $n(Q_4)$ werden analog zur Definition 5.7 berechnet.
Damit folgt leicht

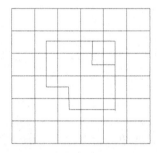

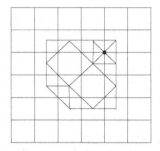

4 - Nachbarschaft   8 - Nachbarschaft

Abb. 5.7. Bei der 4-Nachbarschaft haben wir 13 Knoten, 14 Kanten und 1 Fläche. Bei der 8-Nachbarschaft kommt ein weiterer Knoten hinzu und wir haben dann 14 Knoten, 26 Kanten und 11 Flächen. Die Eulerzahl ist bei der 4-Nachbarschaft gleich 0 (1 Loch) und bei der 8-Nachbarschaft gleich -1 (2 Löcher).

$$E_4 = e - k + f = \frac{n(Q_1) - n(Q_3) + 2n(Q_D)}{4}.$$

Bei der 8-Nachbarschaft gilt

$$e = \frac{n(Q_1) + 2n(Q_2) + 2n(Q_D) + 3n(Q_3) + 4n(Q_4)}{4} + n(Q_4) \qquad (5.11)$$

$$f = 4n(Q_4) + n(Q_3) \qquad (5.12)$$

und

$$k = \frac{n(Q_2) + 2n(Q_3) + 4n(Q_4)}{2} + n(Q_3) + 4n(Q_4) + n(Q_D). \qquad (5.13)$$

Damit folgt leicht

$$E_8 = e - k + f = \frac{n(Q_1) - n(Q_3) - 2n(Q_D)}{4}.$$

Beispiel 5.8 Gegeben sei folgendes Binärbild (Abb. 5.8):   **5.8**

0	0	0	0	0	0	0	0	0	0
0	0	0	1	1	1	1	1	1	0
0	0	1	0	1	0	0	0	1	0
0	1	0	0	1	0	0	0	1	0
0	0	0	0	1	1	1	1	1	0
0	0	0	0	0	0	0	0	0	0

Abb. 5.8. Hier haben wir 3 Segmente (4-Nachbarschaft) bzw. 1 Segment (8-Nachbarschaft) und jeweils 1 Loch.

Dann gilt:

$$n(Q_1) = 9$$

$$n(Q_3) = 5$$

$$n(Q_D) = 2$$

$$E_8 = \frac{9 - 5 - 4}{4} = 0 = 1 - 1$$

$$E_4 = \frac{9 - 5 + 4}{4} = 2 = 3 - 1$$

5.6 Fourierdarstellung von Segmentkonturen

Es sei der Rand eines Segmentes oder eine digitale Kurve als Menge von N Konturpunkten

$$\{(i(n), j(n)) :   0 \leq n \leq N - 1\}$$

gegeben. Dabei sollen auch hier wieder nur Binärbilder betrachtet werden. Dann werden die Koordinatenwerte

$$i(n), j(n)   \text{mit}   0 \leq n \leq N - 1$$

als komplexe Zahlen

$$R(n) = i(n) + i \cdot j(n), \quad i = \sqrt{-1}$$

aufgefasst.

Die Anwendung der diskreten Fouriertransformation auf die Folge $R(n)$ liefert eine neue Folge

$$F(k), \quad 0 \le k \le N - 1$$

von N Fouriermerkmalen für den Rand des Segmentes. Dabei gilt

$$F(k) = \frac{1}{N} \sum_{n=0}^{N-1} R(n) e^{-2\pi i \frac{nk}{N}}$$

und

$$R(n) = \sum_{k=0}^{N-1} F(k) e^{2\pi i \frac{nk}{N}}.$$

Die Fourierkoeffizienten $F(k)$ lassen indirekt auf die Form der Randkante schließen, z.B. zeigen große Beträge bei hohen k gezackte Konturverläufe an.

5.7 Relationalstrukturen

Relationalstrukturen erlauben eine Segmentbeschreibung auf der Basis lokaler Beschreibungselemente und ihrer Beziehungen untereinander. Ein Segment wird also durch einen Graph beschrieben.

Beispiel 5.9 Wir betrachten ein flaches Stanzteil und seine Relationalstruktur (Abb. 5.9).

Die Knoten des Graphen sind Symbole für primitive Beschreibungselemente, hier Ecken oder Löcher. Jeder Knoten hat Attribute (Eckentyp, Eckenwinkel, Lochdurchmesser).

Die Kanten sind zweistellige Relationen in der Knotenmenge und können auch wieder Attribute (Lage- und Winkelbeziehungen zwischen Ecken und Löchern) besitzen.

Die Beschreibung ist rotationsinvariant und bleibt auch bei partieller Überdeckung so aussagekräftig, das eine Klassifizierung durch Vergleich mit gege-

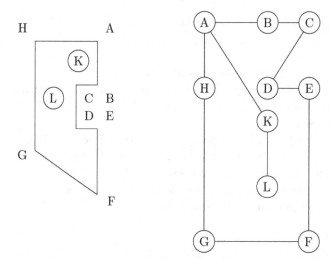

Abb. 5.9. Relationale Beschreibung eines Stanzteiles (links) mit Hilfe eines Graphen (rechts).

benen Mustergraphen möglich ist. Dieser Vergleichsprozess ist allerdings sehr aufwendig (siehe Abschitt 6.5).

5.8 Statistische Merkmale – Textur

Texturen spielen bei der Unterscheidung und Erkennung von Objekten auf Bildern eine wesentliche Rolle.

Jede Textur besitzt eine Grundtextur, die die lokale Verteilung und Variation der Grauwerte in einem Teilbereich des Bildes bestimmt. Die Textur entsteht dann durch wiederholte Anordnung dieser Grundtextur.

Die Grundtextur beinhaltet die gesamte Texturinformation und kann als texturerzeugendes Muster betrachtet werden.

Es gibt verschiedene Texturmodelle:

– Beim strukturellen Texturmodell sind die Grundtexturen exakt aneinandergereiht. Rein strukturelle Texturmodelle sind insofern weniger von praktischer Bedeutung, als sie nur in künstlich erzeugten Industrieprodukten vorkommen.

– Mit dem statistischen Texturmodell ist eine statistische Texturbeschreibung möglich. Verwendet man dieses Modell als Vorschrift zur Textursynthese, so bekommt man bei verschiedener Realisierung keine deckungsgleichen Texturen, sondern nur Muster, die lediglich im Bezug auf die betrachteten Parameter gleich sind.

– Oft kommen Mischformen aus dem strukturellen und dem statistischen Texturmodell vor.

Nun betrachten wir die Berechnung von Texturmerkmalen.
Eine Möglichkeit sind Co-Occurrence-Matrizen (Grauwertübergangsmatrizen). Diese werden aus dem Ortskoordinaten abgeleitet und untersuchen statistische Eigenschaften der Textur.
Die Zeilen- bzw. Spaltenanzahl (Z, S) ist gleich der Anzahl der möglichen Grauwerte. Die Elemente $f(z, s)$ dieser Matrizen geben die Häufigkeit der in der Textur auftretenen Grauwertkombinationen benachbarter Pixel an. Für jede mögliche Nachbarschaftbeziehung erhält man eine eigene Matrix.
Aus diesen Matrizen werden Merkmale berechnet.

$$\text{Energie:} \quad M_1 = \sum_{z=1}^{Z} \sum_{s=1}^{S} f(z, s)^2$$

$$\text{Kontrast:} \quad M_2 = \sum_{z=1}^{Z} \sum_{s=1}^{S} (z - s)^2 \cdot f(z, s)$$

$$\text{Entropie:} \quad M_3 = \sum_{z=1}^{Z} \sum_{s=1}^{S} f(z, s) \cdot \log(f(z, s))$$

$$\text{Homogenität:} \quad M_4 = \sum_{z=1}^{Z} \sum_{s=1}^{S} \frac{f(z, s)}{1 + |z - s|}$$

Eine weitere Möglichkeit ist die Berechnung von Merkmalen, die aus dem Frequenzbereich (Fouriertransformation) abgeleitet werden.

5.9 Aufgaben

5.9.1 **Aufgabe 5.9.1** Berechnen Sie den Flächeninhalt des Segmentes B aus Abb. 5.10. Benutzen Sie beide Berechnungsmöglichkeiten (5.1) und (5.2). Vergleichen Sie die Ergebnisse.

5.9.2 **Aufgabe 5.9.2** Berechnen Sie den Umfang des Segmentes B aus Abb. 5.10. Benutzen Sie beide Berechnungsmöglichkeiten (5.3) und (5.4). Vergleichen Sie die Ergebnisse.

8	0	0	0	0	0	0	0	0
7	0	0	0	0	0	0	0	0
6	0	0	0	0	0	0	0	0
5	0	0	1	0	0	0	0	0
4	0	1	1	1	0	0	0	0
3	0	1	1	1	0	0	0	0
2	0	1	1	1	0	0	0	0
1	0	0	1	0	0	0	0	0
0	0	0	0	0	0	0	0	0
	0	1	2	3	4	5	6	7

Abb. 5.10. Ein einfaches Segment B.

Aufgabe 5.9.3 Berechnen Sie mit Hilfe der Formel (5.5) die Kompaktheit des Segmentes B aus Abb. 5.10.

5.9.3

Aufgabe 5.9.4 Wie sieht das kleinste umschreibende achsenparallele Rechteck des Segmentes B aus Abb. 5.10 aus.

5.9.4

Aufgabe 5.9.5 Berechnen Sie die Momente $m_{00}(B), m_{10}(B)$ und $m_{01}(B)$ für das Segment B aus Abb. 5.10.

5.9.5

Aufgabe 5.9.6 Berechnen Sie die Schwerpunktkoordinaten des Segmentes B aus Abb. 5.10.

5.9.6

Aufgabe 5.9.7 Berechnen Sie die zentrierten Momente $\mu_{20}(B), \mu_{02}(B)$ und $\mu_{11}(B)$ für das Segment B aus Abb. 5.10.

5.9.7

Aufgabe 5.9.8 Berechnen Sie die normierten zentrierten Momente $\eta_{20}(B)$ und $\eta_{02}(B)$ für das Segment B aus Abb. 5.10.

5.9.8

Aufgabe 5.9.9 Berechnen Sie die normierten zentrierten Momente $\eta_{20}(B')$ und $\eta_{02}(B')$ für das Segment B' aus Abb. 5.11.

5.9.9

Aufgabe 5.9.10 Berechnen Sie die Merkmale $\Phi_1(B)$ und $\Phi_2'(B)$ für das Segment B aus Abb. 5.10. Berechnen Sie diese beiden Merkmale auch für das Segment B' (Abb. 5.11) und vergleichen Sie die Ergebnisse.

5.9.10

8	0	0	0	0	0	0	0	0
7	0	0	0	0	0	0	0	0
6	0	0	0	0	0	0	0	0
5	0	0	0	0	0	0	0	0
4	0	1	1	1	0	0	0	0
3	1	1	1	1	1	0	0	0
2	0	1	1	1	0	0	0	0
1	0	0	0	0	0	0	0	0
0	0	0	0	0	0	0	0	0
	0	1	2	3	4	5	6	7

Abb. 5.11. Ein einfaches Segment B'. Es entsteht durch Rotation des Segmentes B.

5.9.11   **Aufgabe 5.9.11** Beweisen Sie die Gleichungen (5.8), (5.9) und (5.10).

5.9.12   **Aufgabe 5.9.12** Beweisen Sie die Gleichungen (5.11), (5.12) und (5.13).

5.9.13   **Aufgabe 5.9.13** Zeigen Sie:

$$E_4 - E_8 = n(Q_D)$$

Kapitel 6
Klassifikation

6

6   **Klassifikation**

6

6 Klassifikation

Ziel der Klassifikation (Mustererkennung) ist es, den durch die Segmentierung gefundenen Gebieten (Objekten), Bedeutungen zuzuweisen. Dabei können einzelne Gebiete (kontextunabhängige Bedeutungszuweisung) oder eine ganze Gruppe von Gebieten und Relationen zwischen diesen Gebieten (kontextabhängige Bedeutungszuweisung) betrachtet werden.

Es gibt zahlreiche Klassifikationsverfahren innerhalb der Mustererkennung. Hier können sie nur überblicksweise behandelt werden. Die Aufzählung ist auch nicht vollständig. So werden zum Beispiel Neuronale Netze nicht behandelt.

Auf Lernverfahren wird ebenfalls nicht eingegangen.

6.1 Prinzipielle Vorgehensweise bei der Klassifikation

Abbildung 6.1 auf Seite 166 zeigt die notwendigen Schritte bei der Klassifikation.

Ausgangspunkt sind die bei der Segmentierung eines Bildes (Kapitel 4) gefundenen Gebiete (Objekte). Man kann auch ganze Graphen von Gebieten betrachten, z.B. den Gebietsnachbarschftsgraph (Kapitel 4.8).

Für diese Gebiete müssen geeignete Merkmale berechnet werden. Diese Problematik haben wir im Kapitel 5 behandelt.

Danach geschieht die eigentliche Klassifikation, die den Objekten eine Bedeutung zuweist. Bedeutungen können einfache geometrische Dinge, wie Quadrat oder Kreis sein. Aber auch Dinge der realen Welt, wie Tisch oder Stuhl sind möglich.

Vor der Klassifikation müssen alle Bedeutungen bekannt sein. Man kann sie vorgeben oder durch Verfahren des Maschinellen Lernens ermitteln. Auf Lernverfahren gehen wir hier nicht ein. Gute Darstellungen zum Maschinellen Lernen findet man in [44], [2] und [6].

Das Ergebnis der Klassifikation sind die möglichen Bedeutungen der Objekte (Gebiete, Segmente).

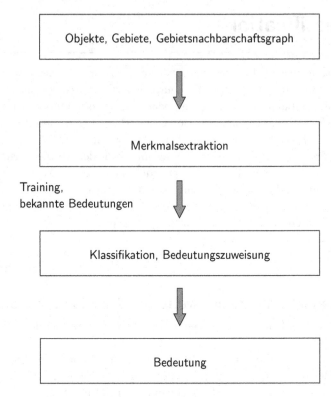

Abb. 6.1. Prinzip der Klassifikation

6.2 Numerische Klassifikation

Ein Objekt (Gebiet) wird durch einen Merkmalsvektor

$$\vec{x} = (x_1, x_2, \cdots, x_n) \in \mathbf{R}^n$$

beschrieben.
Weiter seien

$$K_1, K_2, \cdots, K_N$$

vorgegebene bekannte Klassen, die die Bedeutungen repräsentieren.
Bei der numerischen Klassifikation wird durch eine geeignete Vorschrift c jeder Merkmalsvektor $\vec{x}$ in eine der Klassen $K_1, K_2, \cdots, K_N$ abgebildet, d.h.

$$c : \{\vec{x}\} \rightarrow \{K_i : i = 1, \cdots, N\}.$$

Jede Klasse besteht aus mehreren Mustern. Eine Bedeutung kann durch die Beschreibung mehrerer ähnlicher Muster repräsentiert werden.
Sei N_i die Anzahl der Muster der Klasse K_i $(i = 1, \cdots, N)$ und

$$\vec{x}_{ij} = (x_1^{ij}, x_2^{ij}, \cdots, x_n^{ij})$$

der Merkmalsvektor des j-ten Musters in der Klasse

$$K_i \quad i = 1, \cdots, N, \quad j = 1, \cdots, N_i.$$

Beispiel 6.1 Abbildung 6.2 zeigt für den Fall $n = 2$, 3 Klassen mit 3, 5 bzw. 4 Mustern.
Es gilt also

$$N = 3, \quad N_1 = 3, N_2 = 5, N_3 = 4.$$

6.1

Die Muster einer Klasse liegen dicht beieinander. Die Klassifikation muss entscheiden, zu welcher der 3 Klassen ein beliebiges neues Objekt gehört.

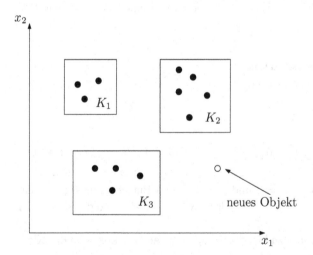

Abb. 6.2. Die Merkmalsvektoren sind hier Punkte in der Ebene. Wir haben 3 Klassen mit 3, 5 bzw. 4 Mustern. Ein neues Objekt (als Merkmalsvektor gegeben) soll klassifiziert werden

Wir betrachten nun einige Möglichkeiten der numerischen Klassifikation.

❯ 6.2.1 Lineare Klassifikation

6.1

Definition 6.1: Entscheidungsfunktion
Es sei N die Anzahl der Klassen und

$$\vec{x} = (x_1, x_2, \cdots, x_n) \in \mathbf{R}^n$$

ein beliebiger Merkmalsvektor mit n Komponenten ($n \geq 1$).
Die Funktionen

$$e_i : \mathbf{R}^n \to \mathbf{R}, \quad i = 1, \cdots, N$$

mit

$$e_i(\vec{x}) = w_0^i + w_1^i x_1 + w_2^i x_2 + \cdots w_n^i x_n, \quad w_j^i \in \mathbf{R}, \quad j = 0, \cdots, n$$

heißen Entscheidungsfunktionen.

Anmerkung 6.2.1 Die Gleichung $e_i(\vec{x}) = 0$ beschreibt eine Hyperebene im $\mathbf{R}^n$.

6.2

Definition 6.2: lineare Klassifikation
Für einen linearen Klassifikator gilt

$$c(\vec{x}) = K_i \leftrightarrow$$
$$(e_i(\vec{x}) > 0) \wedge (e_j(\vec{x}) < 0, \quad \text{für alle} \quad j = 1, \cdots, N, \quad j \neq i).$$

6.2

Beispiel 6.2 Es sei wieder $n = 2$ und $N = 3$. Die 3 Entscheidungsfunktionen sind hier Geraden, die jeweils eine Klasse von den beiden anderen Klassen trennen.
Der Merkmalsvektor $\vec{x}$ des zu klassifizierenden neuen Objektes wird der Klasse K_3 zugeordnet.

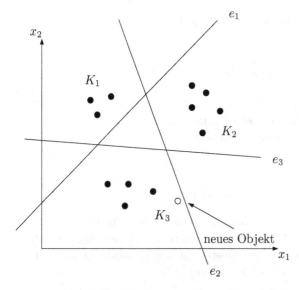

Abb. 6.3. Lineare Klassifikation mit 3 Entscheidungsfunktionen.

Anmerkung 6.2.2

– Da $\vec{x}_{pq}$ ein Objekt der Klasse K_p ist, müssen die Funktionen e_i so gewählt werden, dass gilt:

$$e_i(\vec{x}_{pq}) \quad \begin{Bmatrix} > 0 \\ < 0 \end{Bmatrix} \quad \text{falls} \quad \begin{cases} p = i, & q = 1, \cdots, N_p \\ p \neq i, & q = 1, \cdots, N_p \end{cases}$$

– Die Festlegung der Funktionen e_i geschieht in einer Lernphase und ist nicht immer möglich.

– Anstelle der Hyperebenen können auch kompliziertere Flächen betrachtet werden.

❯ 6.2.2 Abstandsklassifikatoren

Hier wird der geometrische Abstand des Objektes zu den vorhandenen Klassen berechnet, und das Objekt wird der Klasse mit dem geringsten Abstand zugeordnet.

Eine einfache Möglichkeit ist der Minimum-Distance-Klassifikator.

Es sei wieder N_i die Anzahl der Muster der Klasse K_i, $i = 1, \cdots, N$ und

$$\vec{x}_{ij} = (x_1^{ij}, \cdots, x_n^{ij})$$

der Merkmalsvektor des j-ten Musters in der Klasse K_i, $j = 1, \cdots, N_i$.

Wir bilden den Mittelwertsvektor der Klasse K_i, d.h.:

$$\vec{f_i} = \frac{1}{N_i} \sum_{j=1}^{N_i} \vec{x}_{ij} = (f_1^i, \cdots, f_n^i)$$

6.3 **Definition 6.3: Minimum-Distance-Klassifikator**

Für den Minimum-Distance-Klassifikator gilt

$$c(\vec{x}) = K_m \leftrightarrow m = \underset{i=1,\cdots,K}{\operatorname{argmin}} \left\{ \sum_{n=1}^{N} (x_n - f_n^i)^2 \right\}.$$

Eine weitere Möglichkeit ist der Nearest-Neighbour-Klassifikator.

Hier berechnet man den Abstand vom Testmuster $\vec{x}$ zu jedem einzelnen Muster aller Klassen und bestimmt das Muster mit dem geringsten Abstand. Das Testmuster wird der zugehörigen Klasse zugeordnet.

6.4 **Definition 6.4: Nearest-Neighbour-Klassifikator**

Für den Nearest-Neighbour-Klassifikator gilt

$$c(\vec{x}) = K_m \leftrightarrow$$

$$\exists m' \in \{1, \cdots, N_m\}, \quad mit:$$

$$\sum_{k=1}^{n} (x_k - x_k^{mm'})^2 = \min_{i=1,\cdots,N \,;\, j=1,\cdots,N_i} \left\{ \sum_{k=1}^{n} (x_k - x_k^{ij})^2 \right\}.$$

6.3 Statistische Klassifikation

Wir benötigen die folgenden Wahrscheinlichkeiten:

- $p(\vec{x} \mid i)$ – bedingte Wahrscheinlichkeit, dass ein zur Klasse K_i gehörendes Objekt den Merkmalsvektor $\vec{x}$ liefert
- $p(i \mid \vec{x})$ – bedingte Wahrscheinlichkeit für das Vorliegen einer Klasse K_i unter der Bedingung, dass der Merkmalsvektor $\vec{x}$ vorliegt
- p_i – Wahrscheinlichkeit des Auftretens eines Objektes der Klasse K_i

Weiter seien c_{pq} die Kosten für den Fall, dass ein Objekt der Klasse K_p fälschlicherweise der Klasse K_q zugeordnet wird.

Definition 6.5: Bayes-Klassifikator   **6.5**

Für den Bayes-Klassifikator gilt

$$c(\vec{x}) = K_m \quad \leftrightarrow \quad m = \operatorname*{argmin}_{k=1,\cdots,N} \{d_k(\vec{x})\},$$

wobei

$$d_k(\vec{x}) = \sum_{l=1}^{N} c_{kl}\, p_l\, p(\vec{x} \mid l).$$

Wir betrachten nun für die Kosten den Spezialfall:

$$c_{pq} = \begin{cases} 0 \\ 1 \end{cases} \text{falls} \quad \begin{array}{l} p = q \\ sonst \end{array}$$

Dann folgen aus

$$\sum_{l=1}^{N} c_{kl}\, p_l\, p(\vec{x} \mid l) \quad \rightarrow \quad \min_{k=1,\cdots,N}$$

die Beziehungen

$$\sum_{l=1,l\neq k}^{N} p_l\, p(\vec{x} \mid l) \quad \rightarrow \quad \min_{k=1,\cdots,N}$$

$$\sum_{l=1}^{N} p_l\, p(\vec{x} \mid l) - p_k\, p(\vec{x} \mid k) \quad \rightarrow \quad \min_{k=1,\cdots,N}$$

$$C \text{ (eine Konstante)} - p_k\, p(\vec{x} \mid k) \quad \rightarrow \quad \min_{k=1,\cdots,N}$$

$$p_k\, p(\vec{x} \mid k) \quad \rightarrow \quad \max_{k=1,\cdots,N}.$$

Dies führt zum

Definition 6.6: Maximum-Likelihood-Klassifikator   **6.6**

Für den Maximum-Likelihood-Klassifikator gilt

$$c(\vec{x}) = K_m \quad \leftrightarrow \quad m = \operatorname*{argmax}_{k=1,\cdots,N} \{p(\vec{x} \mid k)\, p_k\}.$$

Anmerkung 6.3.1

– Aus

$$p_k \, p(\vec{x} \mid k) \quad \rightarrow \quad \max_{k=1,\cdots,N}$$

folgt

$$p(k \mid \vec{x}) \quad \rightarrow \quad \max_{k=1,\cdots,N},$$

wegen

$$p(k \mid \vec{x}) = \frac{p_k \, p(\vec{x} \mid k)}{p(\vec{x})}, \quad p(\vec{x}) = \sum_{i=1}^{N} p(\vec{x} \mid i) \cdot p_i.$$

Damit entspricht der Maximum-Likelihood-Klassifikator der anschaulichen Interpretation, dass $p(m \mid \vec{x})$ maximal wird, wenn $\vec{x}$ der Klasse K_m angehört.

– Ein Problem ist die Bestimmung der Wahrscheinlichkeiten $p(\vec{x} \mid k)$. Dazu nimmt man oft an, dass sie Standardverteilungen entsprechen, z.B. einer mehrdimensionalen Normalverteilung.

6.4 Syntaktische Klassifikation

Die Objekte werden durch eine Aneinanderreihung von Objektteilen beschrieben. Dabei kann sowohl die Art der Objektteile, als auch die Art der Aneinanderreihung für die Bedeutung des Objektes relevant sein.

Beispiel 6.3 Die Objekte sollen Blechteile repräsentieren. 2 mögliche Objektteile zeigt Abb. 6.4.

Abbildung 6.5 beschreibt mögliche Aneinanderreihungen der Teilearten a und b.

Art a   Art b

Abb. 6.4. Mögliche Objektteile

Für die Klassifikation benötigen wir den Begriff der Grammatik.

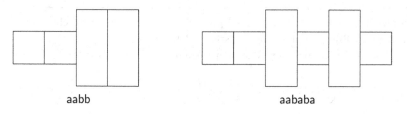

aabb   aababa

Abb. 6.5. Beispiele für mögliche Objekte durch Aneinanderreihung der Teilearten a und b

Es sei V eine endliche Menge von Symbolen und V^* die Menge aller Symbolketten, die sich über V bilden lassen.
Weiter bezeichnen wir mit λ die leere Symbolkette und wir setzen

$$V^+ = V^* \setminus \{\lambda\}.$$

Eine Teilmenge

$$L \subseteq V^*$$

heißt Sprache.

Definition 6.7: Grammatik   6.7
Eine Grammatik G ist ein 4-Tupel

$$G = (V_N, V_T, R, S)$$

mit folgenden Eigenschaften:
- $V_N \subseteq V$ ist eine endliche Menge und bezeichnet die nichtterminalen Symbole.
- $V_T \subseteq V$ ist eine endliche Menge und bezeichnet die terminale Symbole.
- $V_N \cap V_T = \emptyset$
- $V_N \cup V_T = V$
- $S \in V_N$ ist das Startsymbol.
- $R \subseteq (V^+ \setminus V_T^*) \times V^*$ ist eine endliche Menge von Regeln.
  Wenn $r \in R$, d.h. $r = (\varphi, \psi)$ mit: $\varphi \in (V^+ \setminus V_T^*)$, $\psi \in V^*$, so schreiben wir auch $r : \varphi \to \psi$.
- $\exists r \in R :$ $r = (S, \psi)$

$L(G)$ sei die Menge aller Symbolketten, die aus S durch Anwendung der Regeln aus R abgeleitet werden können.

6.4   **Beispiel 6.4** Sei $V_N = \{S, T\}$ und $V_T = \{a, b\}$ (a und b entsprechen dabei den beiden Objektteilarten aus Beispiel 6.3).
Weiter sei R die Menge der folgenden Regeln:

$$S \rightarrow aTa$$
$$T \rightarrow aT$$
$$T \rightarrow Ta$$
$$T \rightarrow bT$$
$$T \rightarrow Tb$$
$$T \rightarrow a$$
$$T \rightarrow b$$

Für die eigentliche Klassifikation gibt es 2 Möglichkeiten:

1. Die Menge der Objekte einer Bedeutung wird durch eine zugehörige Grammatik gekennzeichnet.

   Wenn wir N Klassen (Bedeutungen) haben, so müssen wir für jede dieser Klassen eine zugehörige Grammatik entwickeln.

   Diese seien

$$G_1, G_2, \cdots G_N.$$

Es muss dann für jede Grammatik überprüft werden, ob das zu klassifizierende neue Objekt v durch die Grammatik erzeugbar ist.

Das Objekt wird den Klassen zugeordnet, durch deren Grammatik es erzeugt werden kann, also

$$c(v) = j_1, j_2, \cdots \quad \Leftrightarrow \quad v \in L(G_{j_1}) \wedge v \in L(G_{j_1}) \wedge \cdots.$$

Wenn v zu keiner der Sprachen $L(G_1), \cdots, L(G_N)$ gehört, muss das Objekt v als nicht klassifizierbar zurückgewiesen werden.

2. Gegeben ist eine endliche Zahl von Objekten $v_1, \cdots, v_N \in V^*$ mit bekannter Bedeutung und ein zu klassifizierendes Objekt $v \in V^*$. Dann klassifizieren wir nach folgender Vorschrift

$$c(v) = v_i \quad \Leftrightarrow \quad i = \operatorname*{argmin}_{k=1, \cdots, N} \{d_L(v, v_k)\},$$

wobei d_L der Levenshtein-Abstand ist.

Definition 6.8: Levenshtein-Abstand   6.8

Sei $x, y \in V^*$. Unter den Levenshtein-Abstand

$$d_L(x, y)$$

verstehen wir die minimale Anzahl von Fehleroperationen, die notwendig ist, um das Objekt x in das Objekt y zu überführen.

Fehleroperationen können z.B. sein ($\alpha, \beta, a, b \in V^*$):

— Substitution: $\alpha a \beta \rightarrow \alpha b \beta$

— Löschen: $\alpha a \beta \rightarrow \alpha \beta$

— Einfügen: $\alpha \beta \rightarrow \alpha a \beta$

Anmerkung 6.4.1 Numerische und syntaktische Klassifikation lassen sich kombinieren mit sogenannten attributierten Grammatiken. Dabei wird jedem Objekt $v \in V$ eine Menge von Attributen zugeordnet und jede Regel $r \in R$ wird erweitert durch eine Beschreibung, wie bei Anwendung der Regel r die Attribute der an der Regel beteiligten Elemente aus V verändert werden.

6.5 Kontextabhängige Klassifikation   6.5

Ein Objekt wird nicht für sich allein klassifiziert, sondern im Kontext mit einem oder mehreren anderen Objekten. Es findet eine Klassifikation von Strukturen statt. Strukturen sind hier meistens Graphen.

Die Knoten des Graphen sind die Objekte und die Kanten beschreiben Relationen zwischen den Objekten, z.B. die Nachbarschaftsrelation (siehe auch Kapitel 4.8).

Wir unterscheiden 2 Verfahren:

1. Relaxation:

   Die Vielfalt der möglichen Graphen ist groß. Durch ein iteratives Verfahren wird versucht, die Objekte (Knoten) des Graphen so zu klassifizieren, dass die vorgegebenen Relationen erfüllt werden. Zu Beginn werden den Objekten mehrere Bedeutungen zugewiesen, die auch mit Wahrscheinlichkeiten versehen werden können. Wir unterscheiden zwischen diskreter Relaxation (siehe Abschnitt 6.5.2) und kontinuierlicher Relaxation (siehe Abschnitt 6.5.3).

2. Graph-Matching:

   Die Graphen der bekannten Objekte sind gegeben und deren Anzahl klein.

Ein zu klassifizierender Graph wird dann durch Isomorphieuntersuchungen einem gegebenen Graphen (Bedeutung) zugeordnet (siehe Abschnitt 6.5.1).

❯ 6.5.1 Graphmatching

Hier geht es um das Finden von Isomorphismen zwischen Graphen bzw. das Finden von Teilgraphen, die isomorph zu vorgegebenen Graphen sind.

6.9

Definition 6.9: Isomorphie

Gegeben seien 2 Graphen $G_1 = (V_1, K_1)$ und $G_2 = (V_2, K_2)$.
G_1 und G_2 heißen isomorph, wenn eine eineindeutige Abbildung

$$f : V_1 \rightarrow V_2$$

existiert mit

$$\forall v, w \in V_1 : \quad (v, w) \in K_1 \quad \Leftrightarrow \quad (f(v), f(w)) \in K_2.$$

Abbildung 6.6 zeigt ein Beispiel für zwei isomorphe Graphen, obwohl diese sehr unterschiedlich aussehen.

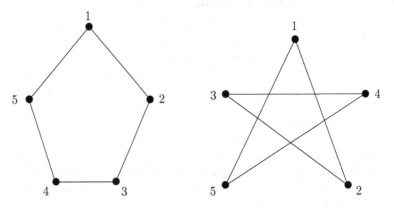

Abb. 6.6. Zwei isomorphe Graphen

Beim Graphmatching sind folgende Aufgaben für gegebene Graphen G_1, G_2 interessant:

— Sind G_1 und G_2 isomorph?
  G_1 ist zu klassifizieren und G_2 ist eine bekannte, gegebene Bedeutung.
— Finde einem Teilgraphen von G_2, der isomorph zu G_1 ist.

Hier ist der zu klassifizierende Graph G_1 nicht vollständig gegeben, z.B. teilweise verdeckt.

— Finde isomorphe Teilgraphen von G_1 und G_2.

In [51] und [13] werden Algorithmen zur Lösung dieser Probleme untersucht. Graphmatching ist aber recht schwierig zu behandeln.

❯ 6.5.2 Diskrete Relaxation

Sei

$$Z_S = \{X_1, \cdots, X_m\}$$

eine Segmentierung einer Nachbarschaftsstruktur (z.B. eines Bildes) und

$$G_N = [Z_S, R_N]$$

der Gebietsnachbarschaftsgraph (siehe Definition 4.26 auf Seite 132). X_i sind die zu klassifizierenden Objekte.

Weiter sei

$$B = \{K_1, \cdots, K_N\}$$

die Menge der möglichen Bedeutungen und $B_i \subseteq B$ die Menge der möglichen Bedeutungen für das Objekt X_i.

Es gelte

$$B = \bigcup_{i=1}^{m} B_i.$$

Ziel der diskreten Relaxation ist ein iteratives Finden möglicher Zuordnungen zwischen Objekten und Bedeutungen unter Beachtung der Kanten R_N (hier benachbarte Objekte).

Sei

$$B^{(0)} = (B_1^{(0)}, B_2^{(0)}, \cdots, B_m^{(0)})$$

eine Anfangszuordnung von Bedeutungen zu jedem Objekt.

Dabei bedeutet

$$B_i^{(0)} \subseteq B_i, \quad i = 1, \cdots, m$$

die Menge von Bedeutungen für das Objekt X_i nach dem 0-ten Iterationsschritt.

Weiter sei

$$B_i^{(r)} \subseteq B_i, \quad i = 1, \cdots, m$$

die Menge von Bedeutungen für das Objekt X_i nach dem r-ten Iterationsschritt und

$$B_{ij} = \{(b_1, b_2) : b_1 \in B_i, \quad b_2 \in B_j\}.$$

Dabei sind b_1 und b_2 kompatibel auf Grund der Relation zwischen den Objekten X_i und X_j.
Die Mengen B_{ij} werden für alle Paare (i, j) mit $(X_i, X_j) \in R_N$ vorgegeben.
Es gilt

$$B_{ij} \subseteq B_i \times B_j.$$

Die Mengen $B_i^{(r)}$, $i = 1, \cdots, m$ werden wie folgt iterativ berechnet:
Wenn

$$\exists X_j \quad \text{mit:} \quad (X_i, X_j) \in R_N$$

und

$$\exists b_1 \in B_i^{(r)} \quad \text{mit:} \quad \forall b_2 \in B_j^{(r)} \quad \text{gilt} \quad (b_1, b_2) \notin B_{ij},$$

so setzen wir

$$B_i^{(r+1)} = B_i^{(r)} \setminus \{b_1\}.$$

Andernfalls erfolgt keine Änderung, also

$$B_i^{(r+1)} = B_i^{(r)}.$$

Die Iteration wird beendet, wenn keine Reduzierung der Mengen

$$B_i^{(r)}, \quad \forall i = 1, \cdots, m$$

mehr möglich ist, d.h.

$$\exists l \quad \text{mit:} \quad B_i^{(l+1)} = B_i^{(l)}, \quad \forall i = 1, \cdots, m.$$

Diese Vorgehensweise ist auch unter den Namen Constraintpropagierung bekannt.

❯ 6.5.3 Kontinuierliche Relaxation

Bei Iterationsbeginn wird jedem Objekt (z.B. den Knoten eines Gebietsnachbarschaftsgraphen) eine Wahrscheinlichkeit für die Zugehörigkeit zu jeder der in Frage kommenden Klassen (Bedeutungen) zugeordnet. In jedem Iterationsschritt werden die Wahrscheinlichkeiten der Nachbarobjekte des betrachteten Objektes X_i daraufhin überprüft, ob ihre Klassifizierung mit der von X_i kompatibel ist oder nicht. Entspricht die Klassifizierung von X_i dem Kontext seiner Nachbarn, d. h. die Nachbarn haben eine kompatible Klassifizierung bezüglich X_i, so wird die Wahrscheinlichkeit der aktuellen Klassenzuweisung von X_i erhöht. Entspricht die Klassifizierung jedoch nicht dem Kontext seiner Nachbarn, d.h. sie ist inkompatibel, so wird sie verringert. Bei Erfüllung eines bestimmten Kriteriums wird die Iteration abgebrochen.

Gegeben seien m Objekte

$$X_1, X_2, \cdots, X_m$$

und N Klassen

$$K_1, K_2, \cdots, K_N.$$

Gesucht ist eine Zuordnung dieser m Objekte zu den N Klassen.

Dabei werden nur die Abhängigkeiten zwischen zwei benachbarten Objekten betrachtet, d.h. für jedes Paar von Klassenzuordnungen

$$X_i \rightarrow K_j \quad \text{und} \quad X_h \rightarrow K_l, \quad (X_i, X_h) \in R_N$$

existiert eine Kostenfunktion

$$c(i, j, h, l) \in [-1, +1].$$

Ein positiver Wert drückt die Kompatibilität aus, ein negativer Wert entsprechend Inkompatibilität.

$$p_{ij}^{(0)} \quad \text{mit} \quad 0 \le p_{ij}^{(0)} \le 1$$

sei eine Anfangsschätzung für die Wahrscheinlichkeit, dass X_i der Klasse K_j zugeordnet wird. Es muss gelten

$$\sum_{j=1}^{N} p_{ij}^{(0)} = 1 \quad \text{für alle} \quad i = 1, \cdots, m.$$

Weiter sei

$$p_{ij}^{(r)} \quad \text{mit} \quad 0 \le p_{ij}^{(r)} \le 1$$

die Wahrscheinlichkeit, dass $X_i \to K_j$ nach dem r-ten Iterationsschritt $(r = 1, 2, \cdots)$.

Die Iteration der Wahrscheinlichkeiten geschieht unter Beachtung folgender Regeln:

- Ist $p_{hl}^{(r)}$ groß und $c(i, j, , h, l) \gg 0$, dann $p_{ij}^{(r)}$ vergrößern
- Ist $p_{hl}^{(r)}$ groß und $c(i, j, , h, l) \ll 0$, dann $p_{ij}^{(r)}$ vermindern
- Ist $p_{hl}^{(r)}$ klein oder $c(i, j, , h, l) \approx 0$, dann $p_{ij}^{(r)}$ nur geringfügig ändern

Eine einfache Möglichkeit zur Berechnung ist

$$p_{ij}^{(r+1)} = \frac{p_{ij}^{(r)}(1 + q_{ij}^{(r)})}{\sum\limits_{l=1}^{N} p_{il}^{(r)}(1 + q_{il}^{(r)})}$$

wobei

$$q_{ij}^{(r)} = \prod_{h=1, \, (X_h, X_i) \in R_N}^{m} \sum_{l=1}^{N} c(i, j, h, l) p_{hl}^{(r)}.$$

Zur Berechnung von $c(i, j, h, l)$ kann man folgende Formel benutzen:

$$c(i, j, h, l) = 2 \frac{p(X_i \to K_j \mid X_h \to K_l)}{p(X_i \to K_j)} - 1 = 2 \frac{p(X_i \to K_j, X_h \to K_l)}{p(X_i \to K_j)p(X_h \to K_l)} - 1$$

6.6 Hauptkomponentenanalyse (PCA)

❯ 6.6.1 Zweck der Hauptkomponentenanalyse

Die Hauptkomponentenanalyse oder *Principal Component Analysis (PCA)* (in der Informationstheorie auch als *Karhunen-Loéve-Transformation* bezeichnet) ist eine Koordinatentransformation, die über einer Menge von durch Messungen erhobenen N Datenpunkten in einem D-dimensionalen Raum $\mathbb{R}^D$ ausgeführt wird. Im Rahmen der Hauptkomponentenanalyse ist jeder dieser Datenpunkte als ein D-dimensionaler Vektor definiert, der sich durch Linearkombination aus D Orthonormalbasisvektoren berechnet, die den Datenraum aufspannen. Die verwendete Orthonormalbasis ist durch die jeweilige Messkonfiguration bestimmt.

Beispiel 6.5 Abbildung 6.7 zeigt eine Menge von Datenpunkten innerhalb des **6.5** 2-dimensionalen Koordinatensystems, das die Vektoren $\{(1,0),(0,1)\}$ als Orthonormalbasis besitzt.

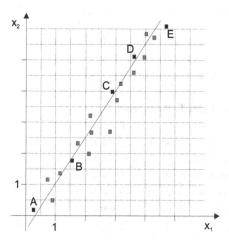

Abb. 6.7. Eine Datenmenge in $\mathbb{R}^2$ und die dazugehörige erste Hauptkomponente

Im Mittelpunkt der Hauptkomponentenanalyse steht die Frage, ob sich für die gegebene Datenmenge eine bessere Orthonormalbasis finden lässt, als die durch die Messmethode vorgegebene. Von besonderem Interesse ist dabei der Fall, dass die Datenmenge auf eine aus nur noch $M < D$ Vektoren bestehende Orthonormalbasis transformiert werden kann, ohne dabei wesentliche Informationen zu verlieren.

Aus dem Blickwinkel der Datenerhebung würde dies bedeuten, dass die Komponenten eines Datenvektors aus den Resultaten mehrerer Meßgeräte kombiniert wurden, die redundante Informationen liefern, und dass mit Hilfe der Hauptkomponentenanalyse diese redundanten Informationen dekorreliert werden können. Im Kontext der Bildverarbeitung kann die aus der Hauptkomponententransformation resultierende Reduktion auf M Datendimensionen zum einen genutzt werden, um Bilder in komprimierter Form zu speichern. Zum zweiten ist die Hauptkomponentenanalyse geeignet, dekorrelierte Features aus einer Folge von Bildern zu extrahieren, die als Ausgangspunkt für eine anschließende Bildklassifikation verwendbar sind.

❷ 6.6.2 Hauptkomponententransformation

Die Datenpunkte seien zur $D \times N$-Matrix X zusammengefasst. Jeder Datenpunkt $\vec{x}_i = <x_{i,0}, ..., x_{i,d}>$ ist ein Spaltenvektor dieser Matrix mit Länge $d = D$. Die Hauptkomponentenanalyse entspricht formal der Transformation von X mit Hilfe einer *feature matrix* A. A ist eine $M \times D$-Matrix, deren Zeilenvektoren die Orthonormalbasis des neuen Raums $\mathbb{R}^M$ repräsentieren. Formal ist diese Transformation beschrieben durch:

$$AX = Y \tag{6.1}$$

Als Resultat entsteht die $M \times N$-Matrix Y der transformierten Datenpunkte. Zunächst ist zu klären, welche formalen Kriterien eine Transformationsmatrix A als geeignet kennzeichnen und wie A berechnet werden kann. Die folgenden Abschnitte formulieren dazu zwei äquivalente Ansätze.

❯ 6.6.3 Formalisierung als Maximierung der Datenvarianz

Betrachtet am Beispiel aus Abb. 6.7 besteht das Ziel der Hauptkomponentenanalyse darin, anstelle der Orthonormalbasis für $\mathbb{R}^2$ eine aus nur noch einem Vektor bestehende Orthonormalbasis zu finden, auf die die Datenmenge durch Rotation und Streckung dergestalt transformiert werden kann, dass dabei möglichst wenig Information verloren geht. Wie die Abbildung intuitiv vermittelt, geht bei Verzicht auf eine Datendimension genau die Information über die Varianz der Daten entlang eines Richtungsvektor verloren, der orthogonal zur dann einzigen verbleibenden Hauptachse liegt. Ein Maximum an Information kann daher erhalten werden, wenn die Lage der ersten Hauptkomponente so gewählt wird, dass sie entlang der maximalen Varianz der Datenpunkte im ursprünglichen Raum verläuft.

Diesem Ansatz unterliegt die implizite Annahme, dass innerhalb des Datenraums, der durch Messung eines Systems erhoben wurde, von allen auftretenden Varianzen diejenige am größten ist, die nicht durch Rauschen, sondern durch die Dynamik des gemessenen Systems zustande kommt: dass also die Messkonfiguration überhaupt geeignet ist, die für die Dynamik des beobachteten Systems signifikanten Daten zu erheben.

Für die Formalisierung soll ohne Beschränkung der Allgemeinheit zunächst vereinfacht $D = 1$ angenommen werden. Es liegt dann eine Datenmenge X vor, die aus N eindimensionalen Datenpunkten besteht und zu einem Zeilenvektor $x = < x_{0,0}, ..., x_{n,0} >$ zusammengefasst werden kann. Für diesen vereinfachten Fall besteht die Gleichung (6.1) lediglich in der Multiplikation dieses Datenvektors x mit einem i-ten Orthonormalbasisvektor u_i, der zugleich die einzige Zeile der Matrix A repräsentiert:

$$y = u_i^T x$$

Dabei unterliege u_i der Einschränkung $\|u_i\| = 1$.

Die Hauptkomponentenanalyse kann dann formal beschrieben werden als die Bestimmung eines u_i, für das die Varianz $\sigma^2(y) = E[y^2]$ maximal wird.

Dabei wird der Datenvektor x aus Gleichung (6.6.3) als ein Vektor von Zufallsereignissen - den beobachteten eindimensionalen Datenpunkten - aufgefasst, der im weiteren der Annahme $E[x] = 0$ unterliege.

Um dies zu gewährleisten, ist im Vorfeld der Hauptkomponentenanalyse ein Datenvorverarbeitungsschritt notwendig, der für jedes Datenelement $x_i \in X$ jede Datendimension $x_{i,d}$ auf den Mittelwert der Datenmenge zentriert:

$$x'_{i,d} = x_{i,d} - \bar{x}_d \tag{6.2}$$

mit

$$\bar{x}_d = \frac{1}{N} \sum_{n=1}^{N} x_{n,d} \tag{6.3}$$

Unter dieser Annahme gilt:

$$E[y] = u_i^T E[x] = 0$$

und somit

$$\begin{aligned}
\sigma^2(y) &= E[y^2] - E[y]^2 = E[y^2] \\
&= E[(u_i^T x)(x^T u_i)] \\
&= u_i^T E[xx^T] u_i \\
&= u_i^T C_x u_i
\end{aligned} \tag{6.4}$$

wobei C_x die $D \times D$-Korrelationsmatrix des Vektors x ist.

Der Ausdruck $u_i^T C_x u_i$ ist unter der Nebenbedingung

$$\|u_i\| = u_i^T u_i = 1$$

zu maximieren. Diese kann durch Einführung eines Langrange-Multiplikators

$$\lambda_i(1 - u_i^T u_i) = 0$$

explizit formuliert werden. Zu maximieren ist damit der Ausdruck:

$$u_i^T C_x u_i + \lambda_i(u_i^T u_i - 1)$$

Als Ableitung nach u_i (siehe Lehrbuch zu den Regeln der Matrixalgebra, z.B. [45]) ergibt sich:

$$2C_x + 2\lambda_i u_i$$

Die Gleichsetzung mit 0 liefert den zu lösenden Ausdruck:

$$C_x u_i = \lambda_i u_i \tag{6.5}$$

Die Bestimmung der Hauptkomponente, verallgemeinert auf $D \geq 1$, ist somit formal äquivalent zum Eigenwertproblem einer Matrix $AE = \lambda E$, wobei wir u_i als den i-ten Eigenvektor der Korrelationsmatrix C_x und den Lagrange-Multiplikator λ_i als den zu u_i korrespondierenden Eigenwert interpretieren.

◉ 6.6.4 Formalisierung als Minimierung der Datenredundanz

Äquivalent zur Maximierung der Varianz der transformierten Daten Y entlang der Hauptkomponente kann als Ziel der Hauptkomponententransformation die Minimierung der Datenredundanz formuliert werden. Als Maß für die Redundanz dient dabei die $M \times M$-Korrelationsmatrix C_y der transformierten Daten, die sich gemäß Gleichung (6.1) wie folgt berechnet:

$$\begin{aligned}
C_y &= yy^T \\
&= Ax(Ax)^T \\
&= Axx^T A^T \\
&= AC_x A^T
\end{aligned} \tag{6.6}$$

Die Korrelation zwischen den transformierten Datenkomponenten ist dann am geringsten, wenn C_y eine Diagonalmatrix D ist.
Allgemein gilt:

6.1   **Satz 6.1** Für jede symmetrische $n \times n$-Matrix A existiert eine Matrix E, so dass $A = EDE^T$, wobei D die Diagonalmatrix von A ist. E ist eine orthogonale Matrix, deren Zeilen die n orthonormalen Eigenvektoren von A bilden. Jedes Hauptdiagonalenelement λ_i von D repräsentiert dann den zum i-ten Eigenvektor korrespondierenden Eigenwert.

Da C_y symmetrisch ist, ist es auch diagonalisierbar, was gleichermaßen für C_x gilt.
Es kann nun gezeigt werden, dass C_y in die gewünschte Diagonalmatrix überführt werden kann, indem in Gleichung (6.6) $A = E_x^T$ eingesetzt wird, mit E_x als der Eigenwertmatrix der Kovarianzmatrix C_x:

$$C_y = AC_xA^T$$
$$= E_x^T C_x E_x$$
$$= E_x^T (E_x D E_x^T) E_x$$
$$= (E_x^{-1} E_x) D (E_x^{-1} E_x)$$
$$= D$$

Die Orthogonalität von E_x erlaubt dabei die Gleichsetzung $E_x^T = E_x^{-1}$.
Somit wird die Minimierung der Datenredundanz auf das Problem der Berechnung der Eigenvektormatrix E_x von C_x zurückgeführt, deren Lösungsgleichung lautet:

$$C_x = E_x D E_x^T$$

Diese Gleichung kann durch Rechtsmultiplikation mit E_x umgeformt werden zu:

$$C_x E_x = E_x D$$

Der rechte Term dieser Gleichung entspricht der Multiplikation jeder Zeile u_i der Eigenvektormatrix E_x mit einem Hauptdiagonalelement λ_i, was zur Darstellung des Eigenwertproblems analog zu Gleichung (6.5) führt.

❸ 6.6.5 Hauptkomponentenbestimmung durch Lösung des Eigenwertproblems

Die beiden vorangegangenen Abschnitte überführten die Zielstellung der Hauptkomponentenanalyse in eine gemeinsame formale Darstellung: das Eigenwertproblem für die Korrelationsmatrix C_x:

$$C_x u_i = \lambda_i u_i$$
$$(C_x - \lambda_i I) u_i = 0$$
$$|C_x - \lambda_i I| = 0 \qquad\qquad (6.7)$$

Die gesuchten Hauptkomponenten sind somit die Lösungen der charakteristischen Gleichung $|C_x - \lambda_i I| = 0$.
Zur praktischen Lösung bieten sich numerische Ansätze wie etwa Householder-Orthogonalisierung, QR-Iteration oder eine Schicht aus Hebbschen Lernelementen [20] an.
Als Resultat liegt eine Menge von Eigenvektoren u_i vor, von denen jeder mit einem Eigenwert λ_i korrespondiert. Die erste Hauptkomponente gehört dabei zum größten Eigenwert λ_i.

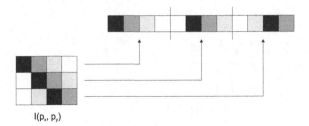

$I(p_x, p_y)$

Abb. 6.8. Zerlegung des Eingangsbildes in einen Zeilenvektor

❯ 6.6.6 Hauptkomponentenanalyse: Schritt für Schritt

Die praktische Anwendung der Hauptkomponentenanalyse umfasst somit die folgenden Schritte:

1. Erzeugen der Datenmatrix X.
   Für die Bildverarbeitung ist es dazu notwendig, ein Eingangsbild $I(p_x, p_y)$ der Größe $p_x \times p_y$ durch zeilenweise Zerlegung und anschließende Konkatenation der Bildzeilen in einen Zeilenvektor v zu transformieren (siehe Abb. 6.8). Jedes Bild repräsentiert anschließend einen $p_x \cdot p_y$-dimensionalen Datenpunkt $x_i = v^T$ als Spaltenvektor der Datenmatrix X.

2. Mittelwertzentrieren der Datenpunkte mittels Gleichungen (6.2) und (6.3).

3. Aufstellen der Korrelationsmatrix $C_x = XX^T$.

4. Lösen des Eigenwertproblems $C_x u_i = \lambda_i u_i$ und Konstruieren der *feature matrix F*.
   Als Lösung des Eigenwertproblems liegen Eigenvektoren $u_0, ..., u_d$ vor, die sich nach der Größe der korrespondierenden Eigenwerte λ_i absteigend sortieren lassen. Eine Auswahl der $k \leq d$ größten Eigenvektoren bildet die Spaltenvektoren $f_0, ..., f_k$ einer neu konstruierten *feature matrix F*, die als Transformationsmatrix A in Gleichung (6.1) für alle weiteren, auf der Hauptkomponentenanalyse beruhenden Bildtransformationen benutzt wird.

❯ 6.6.7 Hauptkomponentenanalyse für höherdimensionale Daten

Insbesondere bei der Bildverarbeitung erfordert die Bestimmung der Eigenvektoren einen hohen Rechenaufwand, da hierzu alle Pixel paarweise korreliert werden, wobei Bildmatrizen einer sehr hohen Dimensionalität D entstehen. Allerdings lässt sich für den Fall, dass die Anzahl der Bilder N geringer ist als deren Dimensionalität D, ein reduziertes Eigenwertproblem formulieren.

Diesem liegt der Sachverhalt zu Grunde, dass in einem D-dimensionalen Raum N Punkte mit $N < D$ einen Subraum der Dimension $N - 1$ formen. Es ist also unnötig, für $N < D$ eine Hauptkomponentenanalyse für Dimensionen größer als $N - 1$ vorzunehmen, denn wenigstens $D - N + 1$ Eigenwerte λ_i werden gleich 0 sein. Für die Dimensionalität des Eigenvektorraums M gilt somit $M \leq N - 1$.

In diesem Fall kann das Eigenwertproblem statt für die $D \times D$-Kovarianzmatrix über alle Datendimensionen äquivalent für die auf die Größe $N \times N$ reduzierte Kovarianzmatrix über den Datenpunkten gelöst werden.

Dazu wird X neu definiert, diesmal als die $N \times D$-Matrix, die durch Transposition der ursprünglichen Datenmatrix entsteht: $X := X^T$.

Das ursprüngliche Eigenwertproblem aus Gleichung 6.5 berechnet sich für das neu definierte X nun durch:

$$X^T X u_i = \lambda_i u_i \tag{6.8}$$

Durch Multiplikation beider Seiten mit X ergibt sich:

$$X X^T (X u_i) = \lambda_i (X u_i)$$

Sei $v_i = X u_i$, so ergibt sich die Formulierung des Eigenwertproblems für die auf $N \times N$ reduzierte Kovarianzmatrix:

$$X X^T v_i = \lambda_i v_i \tag{6.9}$$

Lösungen dieses Eigenwertproblems sind Eigenvektoren v_i mit $\|v_i\| = 1$.

Um die Lösungen u_i des ursprünglichen Eigenwertproblems zu erhalten, müssen beide Seiten der Gleichung (6.9) mit X^T links multipliziert werden:

$$X^T X (X^T v_i) = \lambda_i (X^T v_i)$$

Demzufolge ist eine Multiplikation der erhaltenen Eigenvektoren v_i mit X^T nötig, um sie als Lösungen des in Gleichung 6.8 redefinierten Eigenwertproblems verwenden zu können: $u_i \propto X^T v_i$.

Allerdings reicht dies nicht aus: Zwar besitzen die auf diese Weise transformierten Vektoren $X^T v_i$ nun die erforderliche Dimension D, jedoch müssen sie nicht notwendigerweise auf Länge 1 normiert vorliegen.

Allgemein gilt für ihre Länge der Satz:

6.2   **Satz 6.2** Für eine beliebige $m \times n$-Matrix A besitzt die symmetrische Matrix $A^T A$ orthogonale Eigenvektoren $\{v_1, ..., v_n\}$ und dazugehörige Eigenwerte $\{\lambda_1, ..., \lambda_n\}$. Die Menge der Vektoren $\{Av_1, ..., Av_n\}$ repräsentieren dann Orthonormalbasisvektoren der Länge $\|Av_i\| = \sqrt{\lambda_i}$.

Die Länge der Vektoren $X^T v_i$ beträgt somit $\sqrt{\lambda_i}$ und es ist eine Skalierung mit $\frac{1}{\sqrt{\lambda_i}}$ notwendig, um die normierten Einheitsvektoren u_i des ursprünglichen Eigenwertproblems über $D \times D$ zu erhalten:

$$u_i = \frac{1}{\sqrt{\lambda_i}} X^T v_i \qquad (6.10)$$

❯ 6.6.8 Anwendung in der Bildverarbeitung

Im folgenden soll die praktische Anwendung der Hauptkomponentenanalyse am Beispiel von Bildern aus der *MNIST handwritten data base* [32] dargestellt werden. Dabei handelt es sich um eine frei verfügbare Bilddatenbank, die unter anderem 10000 Bilder handgeschriebener Ziffern in Form von Grauwertbildern der Größe 28×28 Pixel enthält. Pro Ziffer liegen 1000 Beispielbilder vor, die auf einheitliche Zifferngröße beschnitten, zentriert, sowie auf identische Schreibzeilenrichtung rotiert sind.

Die Ausführung der Hauptkomponentenanalyse über der gesamten Datenmenge von 10000 Bildern resultiert in einer *feature matrix* der Größe 748×784. Jeder Eigenvektor dieser Matrix repräsentiert die „Eigenziffer" aller Ziffern. Eine Auswahl der ersten größten Eigenziffern zeigt Abb. 6.9.

Analog kann die Hauptkomponentenanalyse über den Beispielen jeder einzelnen Ziffer ausgeführt werden, wozu die Hauptkomponententransformation nach Gleichung (6.1) genutzt wird, um eine *feature space*-Repräsentation einer einzelnen Ziffer zu erzeugen (siehe Abb. 6.10).

Abb. 6.9. Darstellung des gemeinsamen Mittelwertes aller Ziffern des Datensets (links) zusammen mit den 4 größten Eigenvektoren (absteigend nach rechts geordnet).

Abb. 6.10. Mittelwert der Ziffer 5 (links) und deren 4 größte Eigenvektoren, abermals absteigend sortiert.

Die Rücktransformation zum Erhalt der ursprünglichen Daten unter der Voraussetzung $A = E_x^T$ und somit $A^T = A^{-1}$, erfolgt mittels

$$A\tilde{X} = Y$$
$$AA^T\tilde{X} = AY$$
$$\tilde{X} = AY \tag{6.11}$$

Zuletzt muss jedes Datenelement $\tilde{x}_i \in \tilde{X}$ mit den zu Beginn abgespeicherten Mittelwerten der originalen Datenmenge X dezentriert werden.

$$x_{i,d} = \tilde{x}_{i,d} + \bar{x}_d \tag{6.12}$$

In Abb. 6.11 sind beispielhaft Rekonstruktionen eines Exemplars der Ziffer 5 unter Verwendung unterschiedlich vieler Eigenvektoren dargestellt.

Die Grundidee bei der Verwendung der Hauptkomponentenanalyse für die Klassifikation von Bildern besteht darin, als Referenzvektoren im Merkmalsraum anstelle der Originalbilder die Resultate Y ihrer Transformation mit einer *feature matrix* zu verwenden.

Für einen praktischen Versuch wurden aus der *MNIST handwritten data base* pro Ziffer je 50 Bilder als zu klassifizierende Ziffern ausgewählt. Anschließend kam *k-nearest neighbour* als Klassifikationsverfahren zum Einsatz, um ihre Ähnlichkeit zu 500 anderen, bereits klassifizierten Referenzvektoren zu bestimmen und ihnen eine Ziffernklasse entsprechend der Mehrheit der k ähnlichsten Referenzvektoren zuzuordnen.

Abb. 6.11. Ziffer 5 im Original (links) und ihre mit Hilfe einer aus 1, 10, 50 und 200 Eigenvektoren (von links nach rechts) bestehenden *feature matrix* erfolgten Rekonstruktionen.

Abbildung 6.12 zeigt den Anteil korrekt klassifizierter Ziffern für eine unterschiedliche Anzahl von Eigenvektoren, die bei der Transformation der Originalbilder nach Y verwendet wurden.

Wie ersichtlich ist, enthalten im Falle der *MNIST handwritten data base* bereits die ersten 20 Eigenvektoren der „Eigenziffer" die für die Klassifikation wesentlichen Informationen. Sie sind somit als Merkmale ausreichend, um eine Klassifikationsgüte zu erzielen, die derjenigen einer direkten Anwendung von *k-nearest neighbour* auf die Originalbilder gleichkommt. Diese betrug im Experiment 80.6% für $k = 8$.

Für die Praxis interessanter ist die Anwendung der Hauptkomponentenanalyse für Fälle, in denen sowohl die Referenzvektoren als auch die zu klassifizierenden Beispiele nur in einer durch Bildstörungen verfälschten Form verfügbar sind.

Exemplarisch wurden dazu in einem zweiten Versuch alle vorliegenden Bilder zunächst durch Gaußsches Rauschen verfremdet. Abbildung 6.14 zeigt ganz links ein Beispiel für eine solche Ziffer.

Aus dem Diagramm in Abb. 6.13 wird ersichtlich, dass in diesem Fall die Klassifikationsgüte mit wachsender Anzahl berücksichtigter Eigenvektoren abnimmt. Bei der Klassifikation der untransformierten Bilder wurden lediglich 45.4% korrekte Klassifikationen erzielt.

Die Merkmalsextraktion unter Verwendung von $20 - 40$ Eigenvektoren führt hier zu einem deutlich besseren Resultat, da die Hauptkomponententransformation als ein Rauschfilter wirkt. Abbildung 6.14 zeigt, wie die Rekonstrukti-

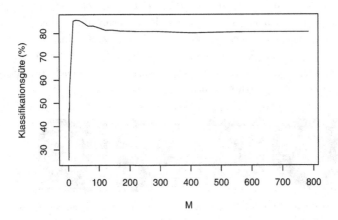

Abb. 6.12. Klassifikationsresultate über PCA-transformierten Bildern

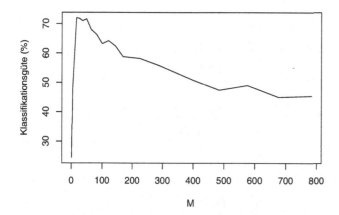

Abb. 6.13. Klassifikationsresultate über verrauschten Bildern

on eines Bildes mit Hilfe von Gleichung (6.11) unter Verwendung einer immer weiter reduzierten *feature matrix* das Bildrauschen eliminiert.

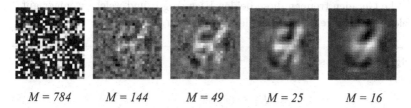

Abb. 6.14. Rauschelimination an einem Bildbeispiel der Ziffer 4

6.7 Aufgaben

6.7

Aufgabe 6.7.1 Wo muss das neue Objekt aus Abb. 6.3 liegen, damit es der Klasse K_1 (K_2) zugeordnet wird?
Wann kann ein neues Objekt nicht klassifiziert werden?

6.7.1

Aufgabe 6.7.2 Wir betrachten wieder die Abb. 6.3 und es sei

6.7.2

$$K_1 = \{\vec{x}_{11}, \vec{x}_{12}, \vec{x}_{13}\}$$

mit

$$\vec{x}_{11} = (3, 10)$$
$$\vec{x}_{12} = (4, 9)$$
$$\vec{x}_{13} = (5, 11)$$

sowie

$$K_2 = \{\vec{x}_{21}, \vec{x}_{22}, \vec{x}_{23}, \vec{x}_{24}, \vec{x}_{25}\}$$

mit

$$\vec{x}_{21} = (8, 10)$$
$$\vec{x}_{22} = (8, 12)$$
$$\vec{x}_{23} = (9, 8)$$
$$\vec{x}_{24} = (10, 11)$$
$$\vec{x}_{25} = (11, 10).$$

Welche Geraden trennen diese beiden Klassen gut und welche weniger gut? Welche Gerade trennt diese beiden Klassen am besten?

6.7.3   **Aufgabe 6.7.3** Es sei

$$K_1 = \{\vec{x}_{11}, \vec{x}_{12}, \vec{x}_{13}\}$$

mit

$$\vec{x}_{11} = (3, 10)$$
$$\vec{x}_{12} = (4, 9)$$
$$\vec{x}_{13} = (5, 11),$$

$$K_2 = \{\vec{x}_{21}, \vec{x}_{22}, \vec{x}_{23}, \vec{x}_{24}, \vec{x}_{25}\}$$

mit

$$\vec{x}_{21} = (8, 10)$$
$$\vec{x}_{22} = (8, 12)$$
$$\vec{x}_{23} = (9, 8)$$
$$\vec{x}_{24} = (10, 11)$$
$$\vec{x}_{25} = (11, 10).$$

sowie

$$K_3 = \{\vec{x}_{31}, \vec{x}_{32}, \vec{x}_{33}, \vec{x}_{34}\}$$

mit

$$\vec{x}_{31} = (4, 4)$$
$$\vec{x}_{32} = (5, 3)$$
$$\vec{x}_{33} = (5, 4)$$
$$\vec{x}_{34} = (6, 4).$$

Klassifizieren Sie ein neues Objekt

$$\vec{x} = (5, 14)$$

mit dem Minimum-Distance-Klassifikator (Definition 6.3).

Aufgabe 6.7.4 Zeigen Sie, dass die Grammatik aus Beispiel 6.4 die beiden Blechteile aus Abb. 6.5 erzeugen kann.   6.7.4

Aufgabe 6.7.5 Bestimmen Sie rechnerisch die erste Hauptkomponente für die Auswahl von Datenpunkten $A = (0.3, 0.2), B = (1.1, 1.2), C = (2.9, 4.0), D = (3.6, 5.1), E = (4.7, 6.1)$ aus Abb. 6.7.   6.7.5

Kapitel 7

Dreidimensionale Bildinterpretation

7

7

7 Dreidimensionale Bildinterpretation

7

7 Dreidimensionale Bildinterpretation

7.1 Einführung

Unter dreidimensionaler Bildinterpretation wollen wir die Gestaltsrekonstruktion dreidimensionaler Objekte aus Bildern verstehen.

Grundlage sind Bilder oder Bildfolgen von einer oder mehreren Kameras.

Wir unterscheiden zwischen statischen und dynamischen Szenen:

— Statische Szene:
   Im Zeitintervall der Bildaufnahmen erfolgen keine Objektbewegungen. Es können aber z.B. Beleuchtungsänderungen erfolgen.

— Dynamische Szene:
   Objektbewegungen im Zeitintervall der Bildaufnahmen sind möglich.

Unter einer Szene verstehen wir dabei eine durch die Kamera eingeschränkte dreidimensionale Umgebung der Welt zu einem bestimmten Zeitpunkt.

Weiter können wir unterscheiden zwischen statischer Bildaufnahme und dynamischer Bildaufnahme. Bei der statischen Bildaufnahme sind die Kameras im Zeitintervall der Bildaufnahmen räumlich fest angeordnet. Änderungen der Kameraparameter sind möglich.

Eine Szene bezeichnen wir mit S.

Zur Beschreibung einer Szene benutzen wir Weltkoordinaten (x, y, z) des R^3.

Die Oberfläche eines dreidimensionalen Objektes stellen wir durch die Funktion

$$F(x, y, z) = 0$$

oder

$$z = g(x, y), \quad \text{d.h.} \quad F(x, y, z) = g(x, y) - z$$

dar.

7.1   **Definition 7.1: Normalenvektor**

Der Normalenvektor im Punkt $P_0 = (x_0, y_0, z_0)$ einer Oberfläche F ist folgendermaßen definiert:

$$\vec{n}(x_0, y_0, z_0) = \begin{pmatrix} n_x(x_0, y_0, z_0) \\ n_y(x_0, y_0, z_0) \\ n_z(x_0, y_0, z_0) \end{pmatrix}$$

$$= \begin{pmatrix} \frac{\partial F}{\partial x}(x_0, y_0, z_0) \\ \frac{\partial F}{\partial y}(x_0, y_0, z_0) \\ \frac{\partial F}{\partial z}(x_0, y_0, z_0) \end{pmatrix}$$

$$= \begin{pmatrix} F_x(x_0, y_0, z_0) \\ F_y(x_0, y_0, z_0) \\ F_z(x_0, y_0, z_0) \end{pmatrix}$$

$$= \begin{pmatrix} \frac{\partial g}{\partial x}(x_0, y_0, z_0) \\ \frac{\partial g}{\partial y}(x_0, y_0, z_0) \\ -1 \end{pmatrix}$$

7.2   **Definition 7.2: Tangentialebene**

Die Ebene, die den Punkt P_0 enthält und senkrecht zum Normalenvektor $\vec{n}(x_0, y_0, z_0)$ steht, heißt Tangentialebene im Punkt $P_0 = (x_0, y_0, z_0)$ der Oberfläche F.

7.3   **Definition 7.3: Gradient**

Der Gradient von $z = g(x, y)$ im Punkt $P_0 = (x_0, y_0, g(x_0, y_0))$ ist

$$grad(z) = \begin{pmatrix} \frac{\partial g}{\partial x}(x_0, y_0, z_0) \\ \frac{\partial g}{\partial y}(x_0, y_0, z_0) \end{pmatrix}.$$

7.2

7.2 Generierung der 2½D-Skizze

Ein wesentlicher Schritt zur Gestaltsrekonstruktion dreidimensionaler Objekte ist das Erstellen der 2½D-Skizze.

Diese beschreibt eine unvollständige räumliche Information über die sichtbaren Oberflächen eines Objektes.

Dafür sind verschiedene Verfahren entwickelt wurden, von denen sich einige an Mechanismen der menschlichen Wahrnehmung orientieren. Sie nennen sich allgemein – Shape from X.

Dabei wird die dreidimensionale Form eines Objektes aufgrund einer bestimmten Methodik X errechnet.

Räumliche Informationen, die man damit finden kann, sind z.B.:

— Entfernung:
   In jedem Pixel des Bildes wird die Entfernung des zugehörigen Punktes der Szene zur Kamera bestimmt.

— Orientierung der Oberfläche:
   Zu jedem sichtbaren Punkt auf der Oberfläche eines Objektes werden die Normalenvektoren berechnet.

— Randkurven von Objekten:
   Diese stellen Diskontinuitäten in der Entfernung dar.

— Bewegung eines Objektes:
   Wird mit Hilfe von Verschiebungsvektoren dargestellt.

7.3 Formale Präzisierung der Gestaltsrekonstruktion

Sei $s : R^3 \to R$ eine beliebige Abbildung des R^3 in die reellen Zahlen.

Damit beschreiben wir den Szenenwert einer Kamera. Die Werte $s(x, y, z)$ dieser Funktion können Grau- oder Farbwerte sein.

Weiterhin benötigen wir eine Abbildung (Projektion) der Szenenpunkte

$$P = (x, y, z) \in S$$

auf die diskrete Bildebene

$$\{(i, j) : \quad i = 0, \cdots, I - 1, j = 0, \cdots, J - 1\}.$$

Hier benutzt man die Zentralprojektion, die wir im Abschnitt 7.5 ausführlich behandeln.

Damit haben wir eine optische Abbildung

$$A : S \to G = (g(i, j))$$

der Punkte einer Szene auf ein Bild G erhalten.

Es gilt

$$g(i, j) = s(x, y, z),$$

wobei (i, j) die Projektion des Punktes $P = (x, y, z)$ der Szene S auf die Bildebene ist.

Auf weitere technische Details dieser optischen Abblldung gehen wir hier nicht ein.

Das Problem der dreidimensionalen Gestaltsrekonstruktion besteht nun darin, Szenenobjekte anhand von Bildern wieder als dreidimensioale Körper darzustellen. Mathematisch gesehen ist die inverse Abbildung von A zu untersuchen.

Die Abbildung A ist aber wegen der Projektion nicht eineindeutig und deshalb ist eine eindeutige Zuordnung der Punkte aus S auf Grund der Bildpunkte i.a. nicht möglich.

Man kann deshalb immer nur eingeschränkte Problemstellungen lösen. Solche sind z.B. die Entfernungsbestimmung oder die Orientierung der Oberfläche eines Objektes.

7.4 Naheliegende Grenzen der Gestaltsrekonstruktion

Hier weisen wir auf drei einfache Grenzen bei der Gestaltsrekonstruktion dreidimensionaler Objekte hin, die oft nicht beachtet werden.

1. Man kann nur sichtbare Objektoberflächen rekonstruieren.
2. Weiterhin werden die Objekte nur aus einer bzw. einer geringen Anzahl von Richtungen aufgenommen. Eine Szene ist immer nur ein begrenzter Ausschnitt der realen Welt. Deshalb können nur die aus den Aufnahmerichtungen sichtbaren dreidimensionalen Merkmale eines Objektes rekonstruiert werden (Abb. 7.1).

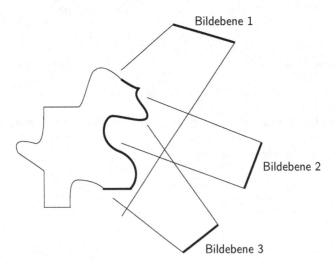

Abb. 7.1. Nur Teile eines Objektes werden gesehen.

3. Aufgrund der Bildrasterung und des Abstandes zwischen Kamera und Objekt ist nur eine begrenzte Ortsauflösung der Objektoberfläche möglich. Damit sind der Genauigkeit der Oberflächenrekonstruktion weitere Grenzen gesetzt.
   Wegen

$$\frac{B}{f} = \frac{\text{erreichbare Auflösung}}{d}$$

gilt (siehe Abb. 7.2)

$$\text{erreichbare Auflösung} = \frac{B \cdot d}{f}.$$

Dabei bedeuten:

  – B – Breite einer Bildspalte
  – d – Abstand zwischen Kamera und Objekt
  – f – Kamerakonstante (Abstand zwischen Projektionszentrum und Bildebene)

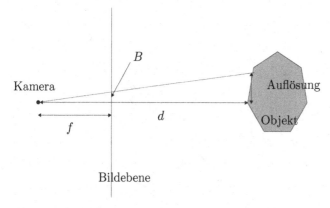

Abb. 7.2. Berechnung der erreichbaren Auflösung

7.5 Zentralprojektion

❯ 7.5.1 Definition

Definition 7.4: Zentralprojektion

Es sei $\Pi \subset R^3$ eine Ebene und $Z \in R^3$. Dann heißt die Zuordnung

$$\sigma_Z : R^3 \to \Pi$$

mit

$$\sigma_Z(X) = X^* = g(X, Z) \cap \Pi \quad (X \neq Z)$$

die Zentralprojektion des R^3 auf die Ebene Π mit dem Projektionszentrum Z.

$g(X, Z)$ ist dabei die Gerade durch die Punkte X und Z.

Geraden und Ebenen durch Z heißen projizierend, $g(X, Z) = p_X$ heißt die projizierende oder Projektionsgerade durch X.

X^* heißt auch Zentralriss von X.

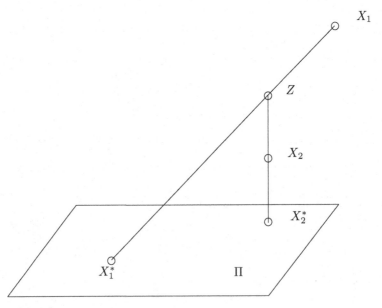

Abb. 7.3. Zentralprojektion

Ein Bild entspricht der Zentralprojektion einer Szene. Der optische Mittelpunkt der Kamera ist Z und die Bildebene entspricht Π.

In der Photogrammetrie werden aus dem Bild eines Objektes unter Nutzung der Gesetze der Zentralprojektion Rückschlüsse auf Lage und Eigenschaften der Objekte gezogen.

Definition 7.5: Hauptpunkt　　　　　　　　　　　　　**7.5**
　Der Punkt

$$H = s(Z, \Pi) \cap \Pi$$

heißt Hauptpunkt.
Dabei ist $s(Z, \Pi)$ die Senkrechte von Z auf Π.
Die Strecke $\overline{ZH} = d$ heißt die Distanz der Zentralprojektion.
Die Gerade $g(Z, H)$ heißt auch Sehachse oder Blickachse.

Definition 7.6: Verschwindungsebene　　　　　　　　　　**7.6**
　Die Ebene Π_V durch Z parallel zu Π heißt Verschwindungsebene.

Die Zentralprojektion existiert nicht für alle Punkte von Π_V. Man sagt auch, dass die Zentralprojektionen dieser Punkte auf der unendlich fernen Geraden von Π liegen.
Für $X = Z$ ist die projizierende Gerade $g(X, Z)$ nicht erklärbar, sodass Z von der Zentralprojektion ausgenommen wird.
Die Abbildung σ_Z ist eindeutig, aber nicht umkehrbar eindeutig, da alle Punkte $X \neq Z$ einer projizierenden Geraden p_X dieselbe Zentralprojektion X^* haben.

❯ 7.5.2 Zentralprojektion von Geraden
Es sei zunächst g eine Gerade mit

$$g \not\parallel \Pi \quad \text{und} \quad Z \notin g.$$

Definition 7.7: Spurpunkt　　　　　　　　　　　　　**7.7**
　Es sei g eine Gerade mit $g \not\parallel \Pi$ und $Z \notin g$. Der Punkt $G = g \cap \Pi$ wird Spurpunkt von g bezüglich Π genannt (siehe Abb. 7.4).

Definition 7.8: Fluchtpunkt　　　　　　　　　　　　　**7.8**
　Es sei f die Gerade durch Z parallel zu g. Der Punkt

$$F = f \cap \Pi$$

heißt Fluchtpunkt der Geraden g (siehe Abb. 7.4).

Der Fluchtpunkt F kann als Zentralprojektion des Fernpunktes von g aufgefasst werden.

Satz 7.1 Parallele Geraden, die nicht parallel zu Π sind, haben den gleichen Fluchtpunkt. Geraden mit gleichem Fluchtpunkt sind parallel.

Beweis 7.1 Stellen wir als Aufgabe 7.5.1.

Satz 7.2 Für jede Gerade senkrecht zur Ebene Π fällt der Fluchtpunkt mit dem Hauptpunkt zusammen.

Beweis 7.2 Stellen wir als Aufgabe 7.5.2.

Satz 7.3 Sei

$$g \nparallel \Pi \quad \text{und} \quad Z \notin g.$$

Die Zentralprojektion der Geraden g ist eine Gerade g^* durch die Punkte G (Spurpunkt von g) und F (Fluchtpunkt von g).
Es gilt also

$$g^* = g(G, F).$$

Beweis 7.3 Die projizierenden Geraden aller Punkte von g liegen in einer Ebene, die Z und g enthält. Diese Ebene schneidet Π in der Geraden g^* (Abb. 7.4).
g^* ist die Zentralprojektion von g.
Offensichtlich liegen die Punkte G und F auf g^*.

Bei der Zentralprojektion werden also parallele Geraden i.a. nicht zu parallelen Geraden abgebildet.
Für eine projizierende Gerade g (d.h. $Z \in g$) gilt $g^* = F = G$. Die Projektion ist also ein Punkt.

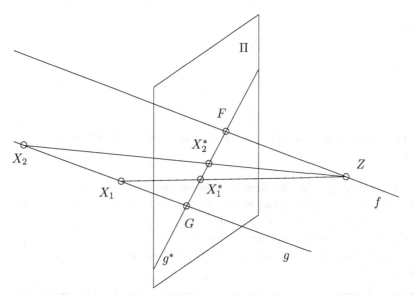

Abb. 7.4. Zentralprojektion g^* einer Geraden g

Einen Sonderfall stellen Geraden

$$g_1, g_2, \ldots \quad \text{mit} \quad g_1 \parallel g_2 \parallel \cdots \parallel \Pi \quad g_i \not\subset \Pi_V$$

dar.

Satz 7.4 Geraden, die zueinander und zur Bildebene Π parallel sind, haben Zentralprojektionen, die parallel zueinander und parallel zu den Geraden sind.

7.4

Beweis 7.4 Ist z.B. $g_1 \parallel \Pi \quad (g_1 \not\subset \Pi_V)$, dann liegt g_1 in einer Ebene $\Gamma \parallel \Pi$. Σ sei die projizierende Ebene von g_1. Da parallele Ebenen von einer sie schneidenden Ebene in parallelen Geraden geschnitten werden, folgt mit

$$g_1 = \Gamma \cap \Sigma \quad g_1^* = \Pi \cap \Sigma$$

sofort

$$g_1 \parallel g_1^*.$$

Für zwei Geraden

$$g_1, g_2 \quad \text{mit} \quad g_1 \parallel g_2 \parallel \Pi \quad (g_1, g_2 \not\subset \Pi_V)$$

gilt

$$g_1 \parallel g_1^* \quad \text{und} \quad g_2 \parallel g_2^*,$$

folglich

$$g_1^* \parallel g_2^*.$$

Für eine Gerade $g \subset \Pi_V$ fällt die Zentralprojektion mit der Ferngeraden von Π zusammen.

❯ 7.5.3 Zentralprojektion im Koordinatensystem

Wir betrachten im R^3 das übliche kartesische Koordinatensystem. Z liege im Koordinatenursprung und die Ebene Π sei eine Parallele zur (x, y)-Ebene mit Abstand f (kamerazentrierte Darstellung).
X habe die Koordinaten (x, y, z) und X^* habe die Koordinaten (u, v, f) (Abb. 7.5 und 7.6).

7.5   **Satz 7.5** Es gilt

$$u = \frac{x \cdot f}{z} \quad \text{und} \quad v = \frac{y \cdot f}{z}.$$

Beweis 7.5 Wir betrachten Abb. 7.6. Dann gilt auf Grund des Strahlensatzes

$$\frac{z}{x} = \frac{f}{u}.$$

Hieraus folgt

$$u = \frac{x \cdot f}{z}.$$

v berechnet man analog.

7.6   **Satz 7.6** Falls wir die Ebene Π in die (x, y)-Ebene legen $(z = 0)$ und

$$Z = (0, 0, -f)$$

wählen (bildzentrierte Darstellung), so gilt

$$u = \frac{x \cdot f}{z + f} \quad \text{und} \quad v = \frac{y \cdot f}{z + f}. \tag{7.1}$$

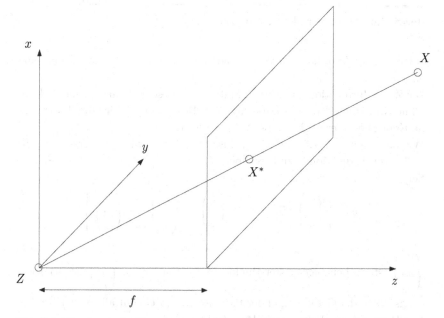

Abb. 7.5. Berechnung der Koordinaten der Zentralprojektion X^* des Punktes X.

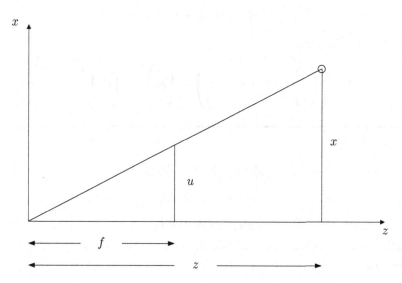

Abb. 7.6. Berechnung der Koordinate u von X^*

Beweis 7.6 Stellen wir als Aufgabe 7.5.3.

Allgemeinere Anordnungen von Z und Π betrachten wir in den Übungsaufgaben.

Die Zentralprojektion ist nicht in Matrixform beschreibbar und damit keine affine Abbildung. Eine bessere analytische Beschreibung wird durch homogene Koordinaten ermöglicht (siehe Abschnitt 7.5.4).

Wir benutzen Satz 7.5 , um einen Zusammenhang zwischen Geraden im R^3 und deren Projektionen zu berechnen.

Sei

$$g = \left\{ \begin{pmatrix} x \\ y \\ z \end{pmatrix} : \exists \lambda \quad \text{mit} \quad \begin{pmatrix} x \\ y \\ z \end{pmatrix} = \begin{pmatrix} a_1 \\ a_2 \\ a_3 \end{pmatrix} + \lambda \begin{pmatrix} b_1 \\ b_2 \\ b_3 \end{pmatrix} \right\}$$

$\begin{pmatrix} a_1 \\ a_2 \\ a_3 \end{pmatrix}$ ist ein beliebiger fester Punkt auf der Geraden g, $\begin{pmatrix} b_1 \\ b_2 \\ b_3 \end{pmatrix}$ ist der Richtungsvektor der Geraden und der Parameter λ durchläuft alle reellen Zahlen. Der Betrag dieses Vektors sei gleich 1, d.h.:

$$b_1^2 + b_2^2 + b_3^2 = 1$$

Die Projektion von g sei

$$g^* = \left\{ \begin{pmatrix} u \\ v \\ f \end{pmatrix} : \exists \eta \quad \text{mit} \quad \begin{pmatrix} u \\ v \\ f \end{pmatrix} = \begin{pmatrix} c_1 \\ c_2 \\ f \end{pmatrix} + \eta \begin{pmatrix} d_1 \\ d_2 \\ 0 \end{pmatrix} \right\}.$$

7.7

Satz 7.7 Es gilt

$$(c_1 d_2 - c_2 d_1) a_3 - (d_2 a_1 - d_1 a_2) f = 0 \tag{7.2}$$

und

$$b_3(c_1 d_2 - c_2 d_1) - (d_2 b_1 - d_1 b_2) f = 0. \tag{7.3}$$

Beweis 7.7

Es gilt

$$u = f\frac{x}{z} \quad \text{und} \quad v = f\frac{y}{z}.$$

Für irgendein gegebenes λ muss ein η existieren mit

$$c_1 + \eta d_1 = f\frac{a_1 + \lambda b_1}{a_3 + \lambda b_3}$$
$$c_2 + \eta d_2 = f\frac{a_2 + \lambda b_2}{a_3 + \lambda b_3}.$$

Wir multiplizieren die erste Gleichung mit d_2 und die zweite mit d_1 und subtrahieren beide Gleichungen voneinander.
Dann erhalten wir

$$c_1 d_2 - c_2 d_1 = \frac{d_2 f(a_1 + \lambda b_1) - d_1 f(a_2 + \lambda b_2)}{a_3 + \lambda b_3}.$$

Hieraus folgt

$$(c_1 d_2 - c_2 d_1)a_3 - (d_2 a_1 - d_1 a_2)f + \lambda[b_3(c_1 d_2 - c_2 d_1) - (d_2 b_1 - d_1 b_2)f] = 0.$$

Die letzte Gleichung muss für alle λ gelten. Dies ist nur möglich, wenn die folgenden beiden Gleichungen erfüllt sind:

$$(c_1 d_2 - c_2 d_1)a_3 - (d_2 a_1 - d_1 a_2)f = 0$$

$$b_3(c_1 d_2 - c_2 d_1) - (d_2 b_1 - d_1 b_2)f = 0$$

Das ist aber die Behauptung des Satzes.

Wir haben somit 2 Gleichungen für die 6 unbekannten Parameter von g. Hinzu kommt noch

$$b_1^2 + b_2^2 + b_3^2 = 1$$

und der Punkt $\begin{pmatrix} a_1 \\ a_2 \\ a_3 \end{pmatrix}$ kann so gewählt werden, dass die Vektoren $\begin{pmatrix} a_1 \\ a_2 \\ a_3 \end{pmatrix}$ und $\begin{pmatrix} b_1 \\ b_2 \\ b_3 \end{pmatrix}$ senkrecht aufeinander stehen.
Dann gilt noch

$$a_1 b_1 + a_2 b_2 + a_3 b_3 = 0.$$

Wir erhalten also 4 Gleichungen für die 6 Unbekannten von g.

❯ 7.5.4 Homogene Koordinaten

7.9   **Definition 7.9: Homogene Koordinaten**

Sei $P = (x, y, z) \in R^3$. Unter den homogenen Koordinaten des Punktes P verstehen wir das 4-Tupel

$$P_H = (hx, hy, hz, h), \quad h \in R, h \neq 0 \text{ beliebig.}$$

h heißt Skalierungsfaktor.

7.10   **Definition 7.10: Homogene Transformationsmatrix**

Unter einer homogenen Transformationsmatrix D verstehen wir eine 4×4-Matrix mit folgenden Aufbau:

$$D = \left(\begin{array}{c|c} R & T \\ \hline P & S \end{array} \right)$$

Dabei sind:
- R – 3×3-Matrix
- T – 3×1-Vektor
- P – 1×3-Vektor
- S – Zahl

R kann für die Rotation und Skalierung benutzt werden.
T beschreibt die Translation, P die Perspektivtransformation und S ebenfalls eine Skalierung (bezüglich aller drei Koordinatenachsen gleich).

Anmerkung 7.5.1 Aus den homogenen Koordinaten $P_H = (hx, hy, hz, h)$ erhält man die üblichen räumlichen Koordinaten (x, y, z) des Punktes P, indem man die ersten drei Werte durch die 4.Koordinate dividiert.

Anmerkung 7.5.2 Die homogenen Koordinaten besitzen folgende Vorteile:
- Eine einheitliche Matrixdarstellung vieler Transformationen (z.B.: Verschiebung, Rotation, Skalierung, Zentralprojektion) ist möglich.
- Komplexe Transformationen werden aus einfachen Transformationen durch Matrixmultiplikation zusammengesetzt.

Beispiel 7.1 Die Translation um den Vektor (T_x, T_y, T_z) wird folgendermaßen beschrieben:

$$\begin{pmatrix} 1 & 0 & 0 & T_x \\ 0 & 1 & 0 & T_y \\ 0 & 0 & 1 & T_z \\ 0 & 0 & 0 & 1 \end{pmatrix} \begin{pmatrix} x \\ y \\ z \\ 1 \end{pmatrix} = \begin{pmatrix} x + T_x \\ y + T_y \\ z + T_z \\ 1 \end{pmatrix}$$

Beispiel 7.2 Eine Skalierung mit den Faktoren S_x, S_y, S_z ist durch

$$\begin{pmatrix} S_x & 0 & 0 & 0 \\ 0 & S_y & 0 & 0 \\ 0 & 0 & S_z & 0 \\ 0 & 0 & 0 & 1 \end{pmatrix} \begin{pmatrix} x \\ y \\ z \\ 1 \end{pmatrix} = \begin{pmatrix} S_x x \\ S_y y \\ S_z z \\ 1 \end{pmatrix}$$

gegeben.

Sollen alle drei Achsen um den gleichen Faktor S skaliert werden, dann kann diese Gesamtskalierung auch durch folgende Matrixmultiplikation beschrieben werden:

$$\begin{pmatrix} 1 & 0 & 0 & 0 \\ 0 & 1 & 0 & 0 \\ 0 & 0 & 1 & 0 \\ 0 & 0 & 0 & \frac{1}{S} \end{pmatrix} \begin{pmatrix} x \\ y \\ z \\ 1 \end{pmatrix} = \begin{pmatrix} x \\ y \\ z \\ \frac{1}{S} \end{pmatrix}$$

Die Division durch die vierte Koordinate $\frac{1}{S}$ liefert die üblichen kartesischen Koordinaten.

Beispiel 7.3 Die Rotation um die x-Achse mit Winkel α_x ist folgendermaßen möglich:

$$\begin{pmatrix} 1 & 0 & 0 & 0 \\ 0 & \cos(\alpha_x) & -\sin(\alpha_x) & 0 \\ 0 & \sin(\alpha_x) & \cos(\alpha_x) & 0 \\ 0 & 0 & 0 & 1 \end{pmatrix} \begin{pmatrix} x \\ y \\ z \\ 1 \end{pmatrix} = \begin{pmatrix} x \\ y\cos(\alpha_x) - z\sin(\alpha_x) \\ y\sin(\alpha_x) + z\cos(\alpha_x) \\ 1 \end{pmatrix}$$

Analog beschreibt man die Rotation um die y-Achse mit Winkel α_y und die Rotation um die z-Achse mit Winkel α_z.

$$\begin{pmatrix} \cos(\alpha_y) & 0 & \sin(\alpha_y) & 0 \\ 0 & 1 & 0 & 0 \\ -\sin(\alpha_y) & 0 & \cos(\alpha_y) & 0 \\ 0 & 0 & 0 & 1 \end{pmatrix} \begin{pmatrix} x \\ y \\ z \\ 1 \end{pmatrix} = \begin{pmatrix} x\cos(\alpha_y) + z\sin(\alpha_y) \\ y \\ -x\sin(\alpha_y) + z\cos(\alpha_y) \\ 1 \end{pmatrix}$$

$$\begin{pmatrix} \cos(\alpha_z) & -\sin(\alpha_z) & 0 & 0 \\ \sin(\alpha_z) & \cos(\alpha_z) & 0 & 0 \\ 0 & 0 & 1 & 0 \\ 0 & 0 & 0 & 1 \end{pmatrix} \begin{pmatrix} x \\ y \\ z \\ 1 \end{pmatrix} = \begin{pmatrix} x\cos(\alpha_z) - y\sin(\alpha_z) \\ y\cos(\alpha_z) + x\sin(\alpha_z) \\ z \\ 1 \end{pmatrix}$$

7.4

Beispiel 7.4 Die Zentralprojektion auf die Parallele zur (x,y)-Ebene im Abstand f mit Projektionszentrum im Koordinatenursprung ist durch

$$\begin{pmatrix} 1 & 0 & 0 & 0 \\ 0 & 1 & 0 & 0 \\ 0 & 0 & 1 & 0 \\ 0 & 0 & \frac{1}{f} & 0 \end{pmatrix} \begin{pmatrix} x \\ y \\ z \\ 1 \end{pmatrix} = \begin{pmatrix} x \\ y \\ z \\ \frac{z}{f} \end{pmatrix}$$

gegeben. Zur Berechnung der kartesischen projizierten Koordinaten muss durch die vierte homogene Koordinate dividiert werden.

7.5

Beispiel 7.5 Die Zentralprojektion auf eine beliebige Ebene

$$Ax + By + Cz = D, \quad D \neq 0$$

mit Projektionszentrum im Koordinatenursprung ist durch die Transformationsmatrix

$$\begin{pmatrix} 1 & 0 & 0 & 0 \\ 0 & 1 & 0 & 0 \\ 0 & 0 & 1 & 0 \\ \frac{A}{D} & \frac{B}{D} & \frac{C}{D} & 0 \end{pmatrix} \tag{7.4}$$

gegeben.

❯ 7.5.5 Rekonstruktion von 3D-Informationen aus der Zentralprojektion

Ein Punkt (u, v, f) der Projektionsebene Π $(z = f)$ kann die Zentralprojektion unendlich vieler Punkte des R^3 sein. Genauer ist es die folgende Gerade:

$$l = \left\{ \begin{pmatrix} x \\ y \\ z \end{pmatrix} : \exists \lambda \quad \text{mit} \quad \begin{pmatrix} x \\ y \\ z \end{pmatrix} = \lambda \begin{pmatrix} u \\ v \\ f \end{pmatrix} \right\} \tag{7.5}$$

Sie wird auch inverse Zentralprojektion des Punktes (u, v, f) genannt.

Man sieht, dass keine eindeutige Rekonstruktion möglich ist. Verfügt man aber schon über Informationen des 3D-Objektes, so lässt es sich oft vollständig rekonstruieren. Dazu betrachten wir 2 Beispiele.

Beispiel 7.6 Dieses Beispiel zeigt die Rekonstruktion eines Punktes in einer bekannten Ebene.

7.6

Sei $\begin{pmatrix} a \\ b \\ c \end{pmatrix}$ der gesuchte Punkt und $\begin{pmatrix} u \\ v \\ f \end{pmatrix}$ die Zentralprojektion des unbekannten Punktes. Die gegebene Ebene sei

$$E = \left\{ \begin{pmatrix} x \\ y \\ z \end{pmatrix} : Ax + By + Cz + D = 0 \right\}.$$

Der gesuchte Punkt ist der Schnittpunkt der Geraden l (Gleichung (7.5)) und der Ebene E.

Dann folgt

$$A\lambda u + B\lambda v + C\lambda f + D = 0$$

und

$$\lambda = \frac{-D}{Au + Bv + Cf}$$

Hieraus folgt schließlich:

$$a = \frac{-Du}{Au + Bv + Cf}$$

$$b = \frac{-Dv}{Au + Bv + Cf}$$

$$c = \frac{-Df}{Au + Bv + Cf}$$

Beispiel 7.7 Dieses Beispiel zeigt die Rekonstruktion einer Geraden in einer bekannten Ebene.

Die gesuchte Gerade sei gegeben durch

$$g = \left\{ \begin{pmatrix} x \\ y \\ z \end{pmatrix} : \exists \lambda \quad \text{mit} \quad \begin{pmatrix} x \\ y \\ z \end{pmatrix} = \begin{pmatrix} a_1 \\ a_2 \\ a_3 \end{pmatrix} + \lambda \begin{pmatrix} b_1 \\ b_2 \\ b_3 \end{pmatrix} \right\}$$

und die Zentralprojektion dieser Geraden g sei

$$g^* = \left\{ \begin{pmatrix} u \\ v \\ f \end{pmatrix} : \exists \eta \quad \text{mit} \quad \begin{pmatrix} u \\ v \\ f \end{pmatrix} = \begin{pmatrix} c_1 \\ c_2 \\ f \end{pmatrix} + \eta \begin{pmatrix} d_1 \\ d_2 \\ 0 \end{pmatrix} \right\}.$$

Die gegebene Ebene sei

$$E = \left\{ \begin{pmatrix} x \\ y \\ z \end{pmatrix} : Ax + By + Cz + D = 0 \right\}.$$

Wir betrachten die Ebene Σ mit $g^* \subseteq \Sigma$ und $(0,0,0) \in \Sigma$.

Diese Ebene enthält die 3 Punkte $(0,0,0)$, (c_1, c_2, f) und $(c_1 + d_1, c_2 + d_2, f)$ und kann leicht berechnet werden. Man erhält

$$\Sigma = \left\{ \begin{pmatrix} x \\ y \\ z \end{pmatrix} : f d_2 x - f d_1 y + (c_2 d_1 - c_1 d_2)z = 0 \right\}.$$

Die gesuchte Gerade g ist die Schnittgerade der beiden Ebenen E und Σ.

Der Vektor $\begin{pmatrix} b_1 \\ b_2 \\ b_3 \end{pmatrix}$ steht senkrecht auf den beiden Vektoren $\begin{pmatrix} A \\ B \\ C \end{pmatrix}$ (Norma-

lenvektor der Ebene E) und $\begin{pmatrix} d_2 f \\ -d_1 f \\ c_2 d_1 - c_1 d_2 \end{pmatrix}$ (Normalenvektor der Ebene

Σ). Damit erhalten wir den gesuchten Richtungsvektor der Geraden g als Vektorprodukt dieser beiden Vektoren.

$$\begin{pmatrix} b_1 \\ b_2 \\ b_3 \end{pmatrix} = \frac{\begin{pmatrix} d_2 f \\ -d_1 f \\ c_2 d_1 - c_1 d_2 \end{pmatrix} \times \begin{pmatrix} A \\ B \\ C \end{pmatrix}}{\left\| \begin{pmatrix} d_2 f \\ -d_1 f \\ c_2 d_1 - c_1 d_2 \end{pmatrix} \times \begin{pmatrix} A \\ B \\ C \end{pmatrix} \right\|}$$

$\begin{pmatrix} a_1 \\ a_2 \\ a_3 \end{pmatrix}$ können wir als Schnittpunkt der Geraden

$$l = \left\{ \begin{pmatrix} x \\ y \\ z \end{pmatrix} : \exists \lambda \quad \text{mit} \quad \begin{pmatrix} x \\ y \\ z \end{pmatrix} = \lambda \begin{pmatrix} c_1 \\ c_2 \\ f \end{pmatrix} \right\}$$

und der Ebene E berechnen.

❯ 7.5.6 Doppelverhältnis

Definition 7.11: Teilverhältnis 7.11
 Das Teilverhältnis

$$t = T(A, B, C)$$

von 3 auf einer Geraden liegenden Punkten A, B, C ist definiert als diejenige reelle Zahl t, für die

$$\overline{AC} = t \cdot \overline{BC},$$

wobei $\overline{AC}$ und $\overline{BC}$ als orientiert aufzufassen sind.

Beispiel 7.8 Halbiert C die Strecke $\overline{AB}$, so ist 7.8

$$T(A, B, C) = -1,$$

da $\overline{AC} = -\overline{BC}$.

Definition 7.12: Doppelverhältnis 7.12
 Gegeben seien 4 Punkte $A, B, C, D \in g$ einer Geraden g. Unter dem Doppelverhältnis dieser 4 Punkte verstehen wir

$$D(A, B, C, D) = \frac{T(A, B, C)}{T(A, B, D)}.$$

Es gilt also:

$$D(A, B, C, D) = \frac{\overline{AC} \cdot \overline{BD}}{\overline{AD} \cdot \overline{BC}}$$

Satz 7.8 Das Doppelverhältnis von 4 Punkten bleibt bei der Zentralprojektion invariant. 7.8

Beweis 7.8 Wir betrachten Abb. 7.7. Die 4 Punkte A, B, C und D liegen auf der Geraden g und die 4 Projektionspunkte A^*, B^*, C^* und D^* auf der Geraden g^*. Das Projektionszentrum sei Z.

Weiter sei $\alpha = \angle AZC, \beta = \angle BZC, \gamma = \angle AZD$ und $\delta = \angle BZD$. h sei die Länge der Senkrechten von Z auf g.

Dann gilt

$$\frac{\overline{ZA} \cdot \overline{ZC} \cdot \sin\alpha}{2} = \frac{\overline{AC} \cdot h}{2}$$

und

$$\frac{\overline{ZB} \cdot \overline{ZC} \cdot \sin\beta}{2} = \frac{\overline{BC} \cdot h}{2}.$$

Hieraus folgt

$$\frac{\overline{AC}}{\overline{BC}} = \frac{\overline{ZA}}{\overline{ZB}} \cdot \frac{\sin\alpha}{\sin\beta}. \tag{7.6}$$

Analog zeigt man

$$\frac{\overline{AD}}{\overline{BD}} = \frac{\overline{ZA}}{\overline{ZB}} \cdot \frac{\sin\gamma}{\sin\delta}. \tag{7.7}$$

Aus (7.6) und (7.7) folgt

$$\frac{\overline{AC}}{\overline{BC}} : \frac{\overline{AD}}{\overline{BD}} = \frac{\sin\alpha}{\sin\beta} : \frac{\sin\gamma}{\sin\delta}. \tag{7.8}$$

Betrachtet man nun anstelle der Punkte A, B, C und D die Punkte A^*, B^*, C^* und D^*, so erhält man

$$\frac{\overline{A^*C^*}}{\overline{B^*C^*}} : \frac{\overline{A^*D^*}}{\overline{B^*D^*}} = \frac{\sin\alpha}{\sin\beta} : \frac{\sin\gamma}{\sin\delta}. \tag{7.9}$$

Dies gilt wegen

$$\alpha = \angle AZC = \angle A^*ZC^*$$
$$\beta = \angle BZC = \angle B^*ZC^*$$
$$\gamma = \angle AZD = \angle A^*ZD^*$$
$$\delta = \angle BZD = \angle B^*ZD^*.$$

Aus (7.8) und (7.9) folgt schließlich

$$\frac{\overline{AC}}{\overline{BC}} \cdot \frac{\overline{BD}}{\overline{AD}} = \frac{\overline{A^*C^*}}{\overline{B^*C^*}} \cdot \frac{\overline{B^*D^*}}{\overline{A^*D^*}}.$$

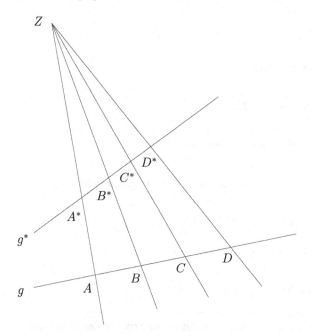

Abb. 7.7. Zur Invarianz des Doppelverhältnisses

Beispiel 7.9 Gegeben seien 4 Punkte A, B, C, D auf einer Geraden g und deren Zentralprojektionen A^*, B^*, C^*, D^* auf g^*.

Weiter sei $\overline{A^*B^*} = \overline{B^*C^*} = \overline{C^*D^*} = 2$. Wenn nun die Strecken $\overline{AB} = 3$ und $\overline{BC} = 1$ bekannt sind, kann man $\overline{CD}$ berechnen:

$$D(A^*, B^*, C^*, D^*) = \frac{4 \cdot 4}{6 \cdot 2} = \frac{4}{3}$$

$$D(A, B, C, D) = \frac{4}{3} = D(A^*, B^*, C^*, D^*) = \frac{\overline{AC} \cdot \overline{BD}}{\overline{AD} \cdot \overline{BC}}$$
$$= \frac{4 \cdot (\overline{CD} + 1)}{(\overline{CD} + 4) \cdot 1}$$

Hieraus folgt leicht

$$\overline{CD} = \frac{1}{2}.$$

7.9

❯ 7.5.7 Aufgaben

7.5.1   **Aufgabe 7.5.1** Beweisen Sie Satz 7.1.

7.5.2   **Aufgabe 7.5.2** Beweisen Sie Satz 7.2.

7.5.3   **Aufgabe 7.5.3** Beweisen Sie die Gleichungen (7.1).

7.5.4   **Aufgabe 7.5.4** Berechnen Sie die Koordinaten der Zentralprojektion auf eine beliebige Ebene

$$Ax + By + Cz = D, \quad D \neq 0$$

mit Projektionszentrum im Koordinatenursprung.

7.5.5   **Aufgabe 7.5.5** Beweisen Sie die Gleichung (7.4).

7.5.6   **Aufgabe 7.5.6** Bestimmen Sie die Transformationsmatrix der Zentralprojektion, wenn wir die Ebene Π in die (x, y)-Ebene legen ($z = 0$) und $Z = (0, 0, -f)$ wählen.

7.5.7   **Aufgabe 7.5.7** Welche Zentralprojektion wird durch die Transformationsmatrix

$$\begin{pmatrix} 1 & 0 & 0 & 0 \\ 0 & 1 & 1 & 0 \\ 0 & 0 & 0 & 0 \\ 0 & 0 & 1 & 1 \end{pmatrix}$$

beschrieben?

7.5.8   **Aufgabe 7.5.8** Die Bildebene Π einer Zentralprojektion sei $z = 0$ und das Projektionszentrum liege im Punkt $Z = (-a, -b, -c), \quad c \neq 0$. Zeigen Sie, dass dann die homogene Transformationsmatrix die folgende Gestalt hat:

$$\begin{pmatrix} 1 & 0 & -\frac{a}{c} & 0 \\ 0 & 1 & -\frac{b}{c} & 0 \\ 0 & 0 & 0 & 0 \\ 0 & 0 & \frac{1}{c} & 1 \end{pmatrix}$$

Aufgabe 7.5.9 Bestimmen Sie die Transformationsmatrix der Zentralprojektion, wenn wir die Ebene Π beliebig wählen, also

$$Ax + By + Cz = D.$$

Auch das Projektionszentrum sei ein beliebiger Punkt

$$Z = (a, b, c),$$

der nicht auf der Ebene Π liegt.

7.5.9

Aufgabe 7.5.10 Zeigen Sie, dass für alle Punkte (u, v, f) der Zentralprojektion der Geraden

$$g = \left\{ \begin{pmatrix} x \\ y \\ z \end{pmatrix} : \exists \lambda \quad \text{mit} \quad \begin{pmatrix} x \\ y \\ z \end{pmatrix} = \begin{pmatrix} a_1 \\ a_2 \\ a_3 \end{pmatrix} + \lambda \begin{pmatrix} b_1 \\ b_2 \\ b_3 \end{pmatrix} \right\}$$

gilt

$$u(a_2 b_3 - a_3 b_2) - v(a_1 b_3 - a_3 b_1) = f(a_2 b_1 - a_1 b_2). \qquad (7.10)$$

7.5.10

Aufgabe 7.5.11 Zeigen Sie, dass die Zentralprojektion einer Geraden g durch den Spurpunkt und durch den Fluchtpunkt verläuft. Benutzen Sie dazu die Formel (7.10).

7.5.11

Aufgabe 7.5.12 Rekonstruieren Sie eine Strecke bekannter Richtung und bekannter Länge aus der Zentralprojektion dieser Strecke. Zu finden ist also die räumliche Lage der Strecke.

7.5.12

Aufgabe 7.5.13 Berechnen Sie das Doppelverhältnis $D(A, B, C, D)$ der Punkte

$$A = (1, 1, 1)$$
$$B = (3, 4, 5)$$
$$C = (-1, -2, -3)$$
$$D = (5, 7, 9).$$

Betrachten Sie danach die Zentralprojektionen dieser 4 Punkte und zeigen Sie, dass das Doppelverhältnis den gleichen Wert hat.

7.5.13

7.6 Shape from Stereo

● 7.6.1 Grundlagen

So wie beim Menschen, wo zwei Augen geringfügig unterschiedliche Netz-
hautbilder empfangen, werden zwei Kameras in verschiedenen Aufnahmepo-
sitionen benutzt. In den Überlappungsbereichen der beiden Bilder werden
verschieden weit entfernte Objekte an unterschiedlichen Orten abgebildet.
Wir betrachten dazu das folgende einfache Kameramodell der Abb. 7.8.

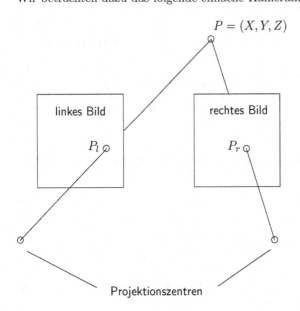

Abb. 7.8. Standardstereogeometrie für 2 Kameras

Aus den beiden Bildpunkten P_l und P_r können wir die Entfernung eines
Punktes $P(x, y, z)$ berechnen.

Die Projektionszentren haben einen Abstand von $a \neq 0$ zueinander. Das
rechte Projektionszentrum liege im Koordinatenursprung $(0, 0, 0)$ und das
linke Projektionszentrum im Punkt $(a, 0, 0)$.

Weiter liegen die beiden Bildebenen in der Ebene

$$Z = f, \quad f \neq 0.$$

Diese Anordnung nennt man auch Standardstereogeometrie.

Die Bildebenen könnten auch beliebig zueinander angeordnet sein. Dann werden die Rechnungen etwas komplizierter.

Der Szenenpunkt

$$P(x, y, z), \quad z > f$$

wird in 2 korrespondierende Bildpunkte

$$P_l = (x_l, y_l, f)$$
$$P_r = (x_r, y_r, f)$$

in der linken bzw. in der rechten Bildebene abgebildet.
Dann gilt

$$x_r = \frac{f \cdot x}{z} \qquad (7.11)$$

$$y_r = \frac{f \cdot y}{z} \qquad (7.12)$$

und

$$x_l = a + \frac{f}{z}(x - a) \qquad (7.13)$$

$$y_l = \frac{f \cdot y}{z}. \qquad (7.14)$$

Wir setzen $y_r = y_l = y_B$.
In den folgenden Rechnungen sei $x \neq 0$ und $x \neq a$. Die beiden Spezialfälle
$x = 0$ bzw. $x = a$ können Sie in der Übungsaufgabe 7.6.2 betrachten.
Aus (7.11) und (7.13) folgt

$$z = \frac{f \cdot x}{x_r} = \frac{f \cdot (x - a)}{x_l - a}$$

und

$$\frac{x}{x_r} = \frac{x - a}{x_l - a}.$$

Wegen $x \neq 0$ und $x \neq a$ gilt $x_r \neq 0$ und $x_l \neq a$.
Damit erhalten wir die x-Koordinate des Punktes P

$$x = \frac{-a \cdot x_r}{x_l - x_r - a} = \frac{a \cdot x_r}{x_r - x_l + a}$$

und schließlich (aus (7.11) bzw. (7.12))

$$z = \frac{a \cdot f}{x_r - x_l + a}$$

und

$$y = \frac{a \cdot y_B}{x_r - x_l + a}.$$

In der Übungsaufgabe 7.6.3 können Sie zeigen, dass $x_r - x_l + a \neq 0$ ist.
Damit ist die Entfernung z zum Punkt $P(x, y, z)$ umgekehrt proportional zu
$x_r - x_l$. Diese Größe heißt auch Disparität.

Das eigentliche Problem ist, korrespondierende Punkte im linken und rechten
Bild zu finden, so dass die Disparität gemessen werden kann. Dieses Problem
wird auch Korrespondenzproblem genannt. Es gibt zahlreiche Möglichkeiten,
dieses Problem anzugehen.

❯ 7.6.2 Korrespondenzproblem

Hier geht es um die Zuordnung korrespondierender Bildpunkte in den beiden
Bildern (linkes und rechtes Bild). Dabei heißen 2 Bildpunkte korrespondie-
rend, wenn sie Abbilder desselben Objektpunktes in der realen Welt (Szene)
sind.

Sind die Bildpunkte ununterscheidbar, so hat man bei jeweils n Punkten
im linken bzw. rechten Bild $n!$ mögliche Zuordnungen, die alle zu anderen
dreidimensionalen Interpretationen führen.

7.10   **Beispiel 7.10** Wir betrachten 3 Punkte P_1, P_2 und P_3 in der Szene. In jeder
Bildebene haben wir dann 3 Bildpunkte $P_l^{n_1}, P_l^{n_2}, P_l^{n_3}$ bzw. $P_r^{m_1}, P_r^{m_2}, P_r^{m_3}$
(Abb. 7.9). Wir erhalten $3! = 6$ mögliche Zuordnungen

$$n_1 = m_1, \quad n_2 = m_2, \quad n_3 = m_3$$
$$n_1 = m_1, \quad n_2 = m_3, \quad n_3 = m_2$$
$$n_1 = m_2, \quad n_2 = m_1, \quad n_3 = m_3$$
$$n_1 = m_2, \quad n_2 = m_3, \quad n_3 = m_1$$
$$n_1 = m_3, \quad n_2 = m_1, \quad n_3 = m_2$$
$$n_1 = m_3, \quad n_2 = m_2, \quad n_3 = m_1.$$

Dies ergibt 6 verschiedene räumliche Anordnungen der Punkte P_1, P_2 und
P_3. Die Abb. 7.10 und 7.11 zeigen 2 der 6 Möglichkeiten. Man erkennt, dass
sehr verschiedene Anordnungen entstehen können.

Es ist deshalb nötig, korrespondierende Punkte zu finden. Wir untersuchen
jetzt einige Möglichkeiten.

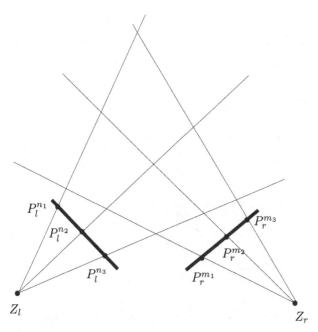

Abb. 7.9. 3 Bildpunkte in jeder Bildebene

7.6.3 Epipolarlinien

Es seien $P = (x, y, z)$ ein Szenenpunkt und Z_l bzw. Z_r die beiden Projektionszentren mit den zugehörigen Bildebenen B_l und B_r (Abb. 7.12).
P_l und P_r seien die beiden Bildpunkte von P.
Weiter sei B die Verbindungsgerade zwischen den beiden Projektionszentren (d.h. $Z_l, Z_r \in B$). B nennen wir auch Basislinie.

Definition 7.13: Epipole   7.13

Die beiden Punkte

$$P_l^E = B \cap B_l$$
$$P_r^E = B \cap B_r$$

heißen Epipole.

P_l^E ist der Bildpunkt des Projektionszentrums Z_r in der linken Bildebene und P_r^E ist der Bildpunkt des Projektionszentrums Z_l in der rechten Bildebene.

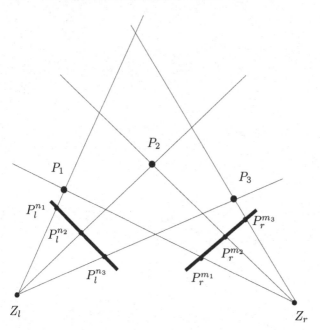

Abb. 7.10. Lage der Punkte P_1, P_2 und P_3 bei der Zuordnung $n_1 = m_1, n_2 = m_2$ und $n_3 = m_3$

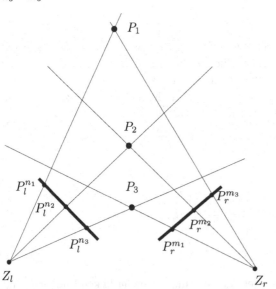

Abb. 7.11. Lage der Punkte P_1, P_2 und P_3 bei der Zuordnung $n_1 = m_3, n_2 = m_2$ und $n_3 = m_1$

Definition 7.14: Epipolare Ebene

Die Ebene $E(P)$, die die Punkte P, Z_l und Z_r enthält, heißt epipolare Ebene bezüglich P.

Es gilt $B \subseteq E(P)$.

Definition 7.15: Epipolare Linien

Die beiden Geraden

$$L_l(P) = E(P) \cap B_l$$
$$L_r(P) = E(P) \cap B_r.$$

heißen epipolare Linien bezüglich P.

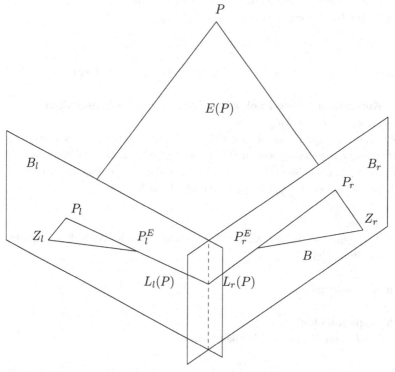

Abb. 7.12. Epipole P_l^E, P_r^E, epipolare Ebene $E(P)$ und epipolare Linien $L_l(P), L_r(P)$

Satz 7.9 Es gilt

$$P_l \in L_l(P)$$
$$P_r \in L_r(P).$$

Beweis 7.9 Folgt unmittelbar aus $P_l \in E(P) \cap B_l$ und $P_r \in E(P) \cap B_r$.

Für einen gegebenen Bildpunkt P_l im linken Bild kann man die Ebene $E(P)$ konstruieren (man hat 3 Punkte Z_l, Z_r und P_l dieser Ebene) und damit auch die Epipolarlinie $L_r(P)$.

Ein Punkt P_l im linken Bild kann nur mit einem Punkt P_r im rechten Bild korrespondieren, wenn dieser auf der zugehörigen Epipolarlinie $L_r(P)$ im rechten Bild liegt.

Die Suche nach einem korrespondierenden Bildpunkt P_r im rechten Bild reduziert sich damit auf ein eindimensionales Problem $P_r \in L_r(P)$.

Bei der Standardstereogeometrie ($B_l = B_r$) folgt

$$L_l(P) = L_r(P).$$

Korrespondierende Punkte liegen also auf einer gegebenen Geraden $L_l(P)$.

❯ 7.6.4 Korrespondierende Punkte auf Grund von Bildeigenschaften

Hier gibt es zahlreiche Möglichkeiten:
- Zu einem Bildpunkt im linken Bild wird man einen korrespondierenden Punkt nur in einem gewissen Bildausschnitt des rechten Bildes suchen.
- Punkte in den beiden Bildern können nur dann miteinander korrespondieren, wenn sie die gleiche physikalische Ursache, wie
  - Grauwert
  - Farbe
  - Element einer Kante, außer Glanzlichtkanten und Verdeckungskanten
  - Kantenenden

  in der Szene haben.

❯ 7.6.5 Disparitätslimit

2 Punkte P_l und P_r mit den Bildkoordinaten

$$P_l = (x_l, y_l, z_l)$$

und

$$P_r = (x_r, y_r, z_r)$$

im linken bzw. rechten Bild korrespondieren miteinander, wenn

$$\sqrt{(x_l - x_r)^2 + (y_l - y_r)^2 + (z_l - z_r)^2} < d_{\max}.$$

Bei der Standardstereogeometrie vereinfacht sich dies zu

$$|x_l - x_r| < d_{\max}.$$

Anmerkung 7.6.1 Es wird ein Mindestabstand zwischen den Punkten der Szene und der Kamera festgelegt.

❯ 7.6.6 Kontinuität von Disparitäten

Wenn 2 Punkte P_{l_1} und P_{r_1} mit den Bildkoordinaten $P_{l_1} = (x_{l_1}, y_{l_1}, z_{l_1})$ und $P_{r_1} = (x_{r_1}, y_{r_1}, z_{r_1})$ im linken bzw. rechten Bild miteinander korrespondieren, so kann ein im linken Bild zu P_{l_1} benachbarter Punkt $P_{l_2} = (x_{l_2}, y_{l_2}, z_{l_2})$ nur dann mit einem Punkt $P_{r_2} = (x_{r_2}, y_{r_2}, z_{r_2})$ im rechten Bild korrespondieren, wenn die absolute Differenz der Disparitätswerte

$$|d_1 - d_2| < \varepsilon$$

klein ist.
Dabei ist

$$d_1 = \sqrt{(x_{l_1} - x_{r_1})^2 + (y_{l_1} - y_{r_1})^2 + (z_{l_1} - z_{r_1})^2}$$
$$d_2 = \sqrt{(x_{l_2} - x_{r_2})^2 + (y_{l_2} - y_{r_2})^2 + (z_{l_2} - z_{r_2})^2}.$$

Bei der Standardstereogeometrie vereinfacht sich dies zu

$$||x_{l_1} - x_{r_1}| - |x_{l_2} - x_{r_2}|| < \varepsilon.$$

Eine Ausnahme bilden Punkte entlang der Objektbegrenzungen.

⊙ 7.6.7 Disparitätsgradientenlimit

Hier nehmen wir die Standardstereogeometrie an. Es seien $A_l = (x_{A_l}, y_A)$ und $A_r = (x_{A_r}, y_A)$ sowie $B_l = (x_{B_l}, y_B)$ und $B_r = (x_{B_r}, y_B)$ jeweils korrespondierende Punkte im linken und rechten Bild.

7.16   **Definition 7.16: Disparitätsgradient**

Die Größe

$$\Gamma_d = \frac{|\Delta x_l - \Delta x_r|}{\sqrt{\frac{1}{4}(\Delta x_l - \Delta x_r)^2 + (\Delta y)^2}}$$

mit

$$(\Delta x_l = |x_{A_l} - x_{B_l}|, \quad \Delta x_r = |x_{A_r} - x_{B_r}|, \quad \Delta y = |y_A - y_B|)$$

heißt Disparitätsgradient.

Zwei Punktepaare im linken und im rechten Bild korrespondieren, wenn

$$\Gamma_d < \Gamma_{max}, \quad 0.5 \leq \Gamma_{max} \leq 2.$$

Es wird damit gleichzeitig die maximal zulässige Neigung von Objektoberflächen der Szene gegenüber der Kamera festgelegt.

⊙ 7.6.8 Reihenfolge der Punkte

Punkte, die in einem Stereobild auf einer Epipolarlinie liegen, werden in genau derselben Reihenfolge auf der korrespondierenden Epipolarlinie des anderen Bildes abgebildet. Dabei müssen die Punkte sich in etwa gleicher Entfernung zur Kamera befinden.

⊙ 7.6.9 Aufgaben

7.6.1   **Aufgabe 7.6.1** Zeigen Sie die Gleichungen (7.13) und (7.14).

7.6.2   **Aufgabe 7.6.2** Untersuchen Sie die Rechnungen aus Abschnitt 7.6.1 für die Fälle $x = 0$ und $x = a$.

7.6.3   **Aufgabe 7.6.3** Zeigen Sie, dass in den Rechnungen aus Abschnitt 7.6.1

$$x_r - x_l + a \neq 0$$

gilt.

Aufgabe 7.6.4 Legen Sie das linke Projektionszentrum in den Rechnungen aus   **7.6.4**
Abschnitt 7.6.1 in den Punkt $(a, b, 0), a \neq 0, b \neq 0$ und zeigen Sie dann

$$z = \frac{f \cdot a}{x_r - x_l + a} = \frac{f \cdot b}{x_r - x_l + b}.$$

7.7 Shape from shading   **7.7**

Wenn man bestimmte Annahmen über die Lichtquellen und die Reflexionseigenschaften der Objekte treffen kann, so können aus der Schattierung auf
der Objektoberfläche Rückschlüsse über die Form der Oberfläche gezogen
werden.

◉ 7.7.1 Einführung

Schattierungen entstehen auf der Objektoberfläche selbst durch unterschiedliche Orientierungen der Oberfläche relativ zur Lichtquelle und zum Betrachter.
Schatten sind etwas anderes und entstehen auf dem Hintergrund durch Verdeckung der Lichtquelle.
Wir betrachten hier Lambertsche Oberflächen, die man auch matt oder nicht-
spiegelnd nennt. Hier hängt die beobachtete Helligkeit nur von der Richtung
zur Lichtquelle ab.
Für diese Oberflächen stehen Veränderungen der reflektierten Lichtintensität
eines gegebenen Punktes in direkter Beziehung zum Normalenvektor dieses
Punktes. Falls die Richtung zur Lichtquelle parallel zum Normalenvektor ist,
erscheint die Oberfläche am hellsten und falls die Richtung zur Lichtquelle
senkrecht zum Normalenvektor steht, ist die Oberfläche dunkel (Abb. 7.13.
Damit kann man die Oberflächenorientierung berechnen.

Abb. 7.13. Hier kommt das Licht von vorn (links) oder von rechts oben (rechts)

❯ 7.7.2 Lambertsche Oberfläche

Wir betrachten hier nur parallele Beleuchtung, also eigentlich eine unendlich weit entfernte Punktlichtquelle, wie z.B. die Sonne. Natürlich erfüllen auch normale Beleuchtungsanordnungen oft angenähert diese Bedingung. Wir betrachten aber keine ungerichtete Beleuchtung, wie z.B. einen bedeckten Himmel.

Dann benötigen wir nur die Richtung zur Lichtquelle und die zum Betrachter. Sei

$$\vec{l} \quad \text{mit} \quad \|\vec{l}\| = 1$$

die Richtung zur Lichtquelle,

$$\vec{n} \quad \text{mit} \quad \|\vec{n}\| = 1$$

der Normalenvektor und

$$\varphi = \angle(\vec{l}, \vec{n})$$

der Winkel zwischen $\vec{l}$ und $\vec{n}$.
Die Richtung zum Betrachter bezeichnen wir mit $\vec{a}$ (Abb. 7.14).

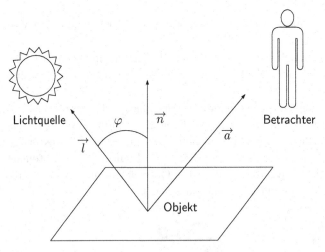

Abb. 7.14. Reflexion an einer Oberfläche

Wir führen kurz zwei physikalische Begriffe an, die für das weitere von Bedeutung sind.

7.17

Definition 7.17: Irradianz
Die Irradianz (Bestrahlungsstärke) ist die eingestrahlte Leistung, bezogen auf die Fläche A.

Es gilt

$$E = \frac{d\Phi}{dA}, \quad [E] = \frac{W}{m^2}.$$

Dabei ist Φ der Strahlungsfluss, gemessen in Watt.

Die Irradianz bestimmt z.B. die Erregung eines Fotorezeptors in der Netzhaut oder die Schwärzung eines fotographischen Films. Irradianzen beschreiben sowohl die Bildintensität, als auch die Stärke der Beleuchtung einer Oberfläche in der Szene durch die Lichtquelle.

Definition 7.18: Radianz   7.18

Die Radianz (Strahlungsdichte) ist die pro Fläche A in einem Kegel vom Raumwinkel Ω in Richtung θ abgestrahlte Leistung.

Es gilt

$$L = \frac{d^2\Phi}{\cos\theta\, d\Omega\, dA}, \quad [L] = \frac{W}{m^2 sr}$$

Der Raumwinkel ist eine Fläche, die ein Kegel aus der Einheitskugel herausschneidet, gemessen in sr (Steradian). Der Vollwinkel hat die Größe $4\pi sr$.

Bei einer Lambertschen Oberfläche bzw. einer Lambertschen Reflexion berechnet man die Radianz folgendermaßen:

$$L = c_d I_0 \cos\varphi = c_d I_0 (\vec{l} \cdot \vec{n}) \quad \text{für } \cos\varphi \geq 0 \tag{7.15}$$

und (die Lichtquelle liegt hinter der Oberfläche)

$$L = 0 \quad \text{für } \cos\varphi < 0$$

Dabei bedeutet I_0 die einfallende Lichtmenge, die durch einen Querschnitt der Fläche 1 senkrecht zur Lichtrichtung durchtritt. I_0 wird auf einer Oberfläche A verteilt, die um den Faktor $\frac{1}{\cos\varphi}$ größer ist (Abb. 7.15).

Damit erhalten wir für die Irradianz

$$E = I_0 \cos\varphi.$$

Die Konstante c_d (Albedo) ist der Anteil des eingestrahlten Lichtes, welches durch die Reflexion wieder abgegeben wird und zwar in alle Raumrichtungen gleichmäßig. Die Oberfläche sieht also aus jeder Betrachtungsrichtung gleich hell aus.

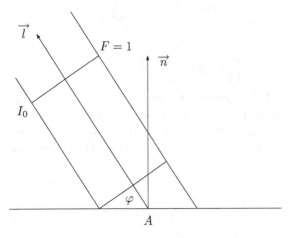

Abb. 7.15. Berechnung der Irradianz

Anmerkung 7.7.1 Eine Lambertsche Oberfläche hat folgende Eigenschaften:
- Bewegt man sich um die Oberfläche herum, ändert sich ihre Helligkeit nicht. Es ist eine matte Oberfläche.
- Bewegt man die Lichtquelle, so ist die Oberfläche am hellsten bei $\varphi = 0°$ und dunkel bei $\varphi = 90°$.

7.11   **Beispiel 7.11: Matte Kugel unter paralleler Beleuchtung**
Die Kugeloberfläche sei durch

$$x^2 + y^2 + z^2 = 1$$

gegeben.
Die Beobachtungsrichtung sei die z-Richtung des Koordinatensystems. Die parallele Beleuchtung habe die Stärke I_0.
Dann gilt:

$$\vec{n} = (x, y, \sqrt{1 - (x^2 + y^2)})^T$$

Wir betrachten 2 Fälle für die Richtung zur Lichtquelle.
- Sei $\vec{l} = (0, 0, 1)^T$, d.h. frontale Beleuchtung aus der Beobachtungsrichtung. Dann gilt:

$$L = c_d I_0 (\vec{l} \cdot \vec{n}) = c_d I_0 \sqrt{1 - (x^2 + y^2)}$$

- Sei $\vec{l} = (1, 0, 0)^T$, d.h. Beleuchtung von der Seite senkrecht zur Beobachtungsrichtung. Dann gilt:

$$L = \begin{cases} c_d I_0 x \\ 0 \end{cases} \text{falls} \quad \begin{matrix} x \geq 0 \\ x < 0 \end{matrix}$$

Anmerkung 7.7.2 Reale Oberflächen erfüllen die Lambert-Bedingung oft nur näherungsweise oder gar nicht. Insbesondere metallische, polierte oder von Wasser benetzte Flächen glänzen und erscheinen somit aus unterschiedlichen Betrachtungsrichtungen unterschiedlich hell.

Anmerkung 7.7.3 Andere Reflexionsarten sind Spiegel, die gesamte Radianz wird entlang einer Raumrichtung abgestrahlt oder glänzende Oberflächen (weder rein diffus noch rein spiegelnd).

❯ 7.7.3 Problemstellung

Wir betrachten die Radianz bei der Lambertschen Reflexion. Nach (7.15) gilt

$$L = c_d I_0 \cos\varphi = c_d I_0 (\vec{l} \cdot \vec{n}) \quad \text{für} \ \cos\varphi \geq 0.$$

Aus dieser Gleichung können wir den Winkel φ (Winkel zwischen $\vec{l}$ und $\vec{n}$) berechnen, da L aus den Grauwerten des Bildes bekannt ist.

Wir suchen aber den Normalenvektor $\vec{n}$. Dieser Vektor liegt auf einem Kegelmantel um $\vec{l}$ mit Öffnungswinkel 2φ. Er lässt sich folglich lokal gesehen nicht eindeutig bestimmen (Abb. 7.16).

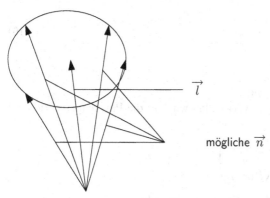

Abb. 7.16. Der Normalenvektor liegt auf einem Kegelmantel und lässt sich nicht eindeutig bestimmen.

Abb. 7.17. Dieses Bild kann durch Beleuchtung verschiedener Oberflächen entstehen.

Auch global kann die Oberfläche nicht eindeutig rekonstruiert werden. Dazu betrachten wir das Beleuchtungsbild aus Abb. 7.17. Es entsteht durch eine vertikale Beleuchtung (z-Achse) der Flächen

$$z = x \cdot y$$
$$z = \frac{1}{2}(x^2 + y^2)$$
$$z = \frac{1}{2}(x^2 - y^2).$$

Die Radianz ist immer gleich

$$L = c_d I_0 \frac{1}{\sqrt{x^2 + y^2 + 1}}. \tag{7.16}$$

❯ 7.7.4 Reflektivitätskarte

Sei $z = F(x, y)$ eine Oberfläche.

Anstelle der Zentralprojektion verwenden wir hier die Parallelprojektion:

$$\begin{pmatrix} x \\ y \\ F(x,y) \end{pmatrix} \rightarrow \begin{pmatrix} x \\ y \end{pmatrix}$$

x und y sind also auch die Koordinaten in der Bildebene.

Weiter sei

$$p = \frac{\partial F(x,y)}{\partial x}$$
$$q = \frac{\partial F(x,y)}{\partial y},$$

$$\vec{n} = \frac{1}{\sqrt{1+p^2+q^2}} \begin{pmatrix} -p \\ -q \\ 1 \end{pmatrix} \quad \|\vec{n}\| = 1$$

und

$$\vec{l} = \begin{pmatrix} l_1 \\ l_2 \\ l_3 \end{pmatrix} \quad \|\vec{l}\| = 1.$$

Für feste Licht- und Betrachtungsrichtungen ist die Reflexion der Oberfläche im wesentlichen von der lokalen Oberflächennormalen $\vec{n}$ abhängig. $\vec{n}$ wird aber durch p und q ausgedrückt.

Deshalb können die Reflexionseigenschaften (d.h. die Radianz) einer Oberfläche durch eine Funktion

$$R(p,q)$$

beschrieben werden. Sie heißt Reflektivitätskarte.

Für Lambertsche Oberflächen gilt:

$$R(p,q) = c_d I_0 \cos\varphi = C \cos\varphi = C(\vec{l} \cdot \vec{n}) = C \frac{l_3 - l_1 p - l_2 q}{\sqrt{1+p^2+q^2}}$$

❯ 7.7.5 Reflektivitätsgleichung

Es gilt:

$$I(x,y) = R(p,q) = R\left(\frac{\partial F(x,y)}{\partial x}, \frac{\partial F(x,y)}{\partial y} \right) \qquad (7.17)$$

Dabei ist $I(x,y)$ die Bildintensität (d.h. Grauwert an der Stelle (x,y)).

Die Gleichung 7.17 heißt Reflektivitätsgleichung.

Da die Funktion $I(x,y)$ bekannt ist, erhalten wir für die Funktion $F(x,y)$ (sie beschreibt die gesuchte Oberfläche) eine partielle Differentialgleichung.

Die Gleichung 7.17 kann i.a. mehrere Lösungen $F(x,y)$ haben.

Durch Randbedingungen kann man die Anzahl der Lösungen einschränken.

Hier einige Möglichkeiten:

— bekannte Randkurve von F

– bekannter Normalenvektor entlang der Verdeckungskante der Oberfläche, weil hier die Tangentialebene parallel zur Betrachtungsrichtung verläuft.

❯ 7.7.6 Lösung der Reflektivitätsgleichung

Gegeben sei $I(x,y)$ aus den Grauwerten des Bildes. Wir betrachten die Reflektivitätsgleichung (7.17)

$$I(x,y) = R(p(x,y), q(x,y))$$

für die zwei unbekannten Funktionen $p(x,y)$ und $q(x,y)$.
Wegen

$$p_y(x,y) = F_{xy}(x,y)$$
$$q_x(x,y) = F_{yx}(x,y)$$

und

$$F_{xy}(x,y) = F_{yx}(x,y)$$

(für hinreichend oft differenzierbare Funktionen $F(x,y)$), folgt

$$p_y(x,y) = q_x(x,y). \tag{7.18}$$

Wir diskretisieren nun das Problem und betrachten die Funktionen p und q in den Pixeln (i,j) $i,j = 1, \ldots, n$ des Bildes.
Die Lösung geschieht durch die Minimierung des Fehlers

$$e = \sum_{i=1}^{n} \sum_{j=1}^{n} (s(i,j) + \lambda r(i,j))$$

über die $2n^2$ Unbekannten Werte $p(i,j), q(i,j)$.
Dabei bedeuten:
– $\lambda > 0$ – Regularisierungsparameter
– $r(i,j)$ – Datenfehler an der Stelle (i,j):

$$r(i,j) = (I(i,j) - R(p(i,j), q(i,j)))^2$$

– $s(i,j)$ – Glattheitsforderung, wegen (7.18):

$$s(i,j) = \frac{1}{4}((p(i+1,j) - p(i,j))^2 + (p(i,j+1) - p(i,j))^2$$
$$+ (q(i+1,j) - q(i,j))^2 + (q(i,j+1) - q(i,j))^2)$$

Man minimiert nun e als Funktion der Unbekannten $p(i,j), q(i,j)$ und erhält damit eine Schätzung der Orientierung an jeder Stelle der Oberfläche. Im Minimum müssen die partiellen Ableitungen

$$\frac{\partial e}{\partial p(i,j)}$$

und

$$\frac{\partial e}{\partial q(i,j)}$$

für alle i,j verschwinden.

Man hat dann $2n^2$ Gleichungen für die $2n^2$ Unbekannten $p(i,j), q(i,j)$. Es gilt

$$\frac{\partial e}{\partial p(i,j)} = \frac{1}{2}[(p(i,j) - p(i+1,j)) + (p(i,j) - p(i,j+1))$$
$$+ (p(i,j) - p(i-1,j)) + (p(i,j) - p(i,j-1))]$$
$$- 2\lambda(I(i,j) - R(p(i,j), q(i,j))) \cdot \frac{\partial R}{\partial p}(p(i,j), q(i,j)) = 0.$$

Man beachte, dass $p(i,j)$ in der Summe

$$\sum_{i=1}^{n} \sum_{i=1}^{n} s(i,j)$$

mehrmals auftritt.

Weiter haben wir

$$\frac{\partial e}{\partial q(i,j)} = \frac{1}{2}[(q(i,j) - q(i+1,j)) + (q(i,j) - q(i,j+1))$$
$$+ (q(i,j) - q(i-1,j)) + (q(i,j) - q(i,j-1))]$$
$$- 2\lambda(I(i,j) - R(p(i,j), q(i,j))) \cdot \frac{\partial R}{\partial q}(p(i,j), q(i,j)) = 0.$$

Man kann nun diese beiden Gleichungen nicht direkt nach $p(i,j)$ bzw. $q(i,j)$ auflösen, da die jeweils im zweiten Summanden auftretende Reflektivitätsfunktion R nicht invertierbar ist.

Eine iterative Lösung erhält man, indem man die lokalen Mittelwerte

$$p(i,j)^* = \frac{1}{4}(p(i+1,j) + p(i,j+1) + p(i-1,j) + p(i,j-1))$$
$$q(i,j)^* = \frac{1}{4}(q(i+1,j) + q(i,j+1) + q(i-1,j) + q(i,j-1))$$

einführt und dann folgende Iteration ansetzt:

$$p(i,j)^{n+1} = p(i,j)^{n*} + \lambda(I(i,j) - R(p(i,j)^n, q(i,j)^n)) \cdot \frac{\partial R}{\partial p}(p(i,j)^n, q(i,j)^n)$$

$$q(i,j)^{n+1} = q(i,j)^{n*} + \lambda(I(i,j) - R(p(i,j)^n, q(i,j)^n)) \cdot \frac{\partial R}{\partial q}(p(i,j)^n, q(i,j)^n)$$

Die Startbedingungen $p(i,j)^0, q(i,j)^0$ erhält man aus geeigneten Randbedingungen, z.B. der Verdeckungskante der Oberfläche.
Das vorgestellte Verfahren geht auf [23] zurück.

❯ 7.7.7 Aufgaben

7.7.1   **Aufgabe 7.7.1** Untersuchen Sie Beispiel 7.11 auch für andere Richtungen zur Lichtquelle.

7.7.2   **Aufgabe 7.7.2** Beweisen Sie die Gleichung (7.16).

7.8   7.8 Shape from contour

❯ 7.8.1 Einführung

Beliebige dreidimensionale Objekte können anhand ihrer Konturen erkannt und lokalisiert werden, wenn ausreichend genaue geometrische Modelle der Objekte vorhanden sind. Hier betrachten wir nur Polyeder als Objekte (Abb. 7.18).

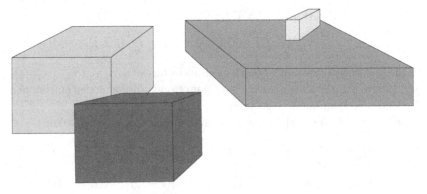

Abb. 7.18. Eine einfache Linienzeichnung mit Polyederobjekten.

Beim Waltz-Algorithmus ([55]) geht es um die dreidimensionale Interpretation zweidimensionaler Linienzeichnungen. Die Linienzeichnung ist zunächst
ein ungerichteter Graph, bestehend aus Kanten und Knoten. Bei der dreidimensionalen Interpretation bekommen die Kanten und Knoten unterschiedliche Bedeutungen. Diese markiert man durch Marken an den entsprechenden Bildelementen. Bildelemente mit Bedeutungen können nicht in beliebiger
Weise kombiniert werden, sondern nur im Rahmen bestimmter Relationen
zwischen diesen Bedeutungen, die aus physikalischen Gründen bestehen. Die
Aufgabe ist es, konsistente Markierungen für eine zweidimensionale Linienzeichnung zu finden oder zumindest die Ausgangsmenge von Markierungen
durch Entfernen inkonsistenter Markierungen stark einzuschränken.

Wir treffen zunächst einige vereinfachende Annahmen:

– Es werden keine Schatten oder Bruchlinien betrachtet (Abb. 7.19).
– Alle Eckpunkte sind Schnittpunkte genau drei aufeinandertreffender Ebenen eines Objektes. Die oberen Eckpunkte von Pyramiden sind also nicht
  erlaubt (Abb. 7.20).
– Wir nehmen einen allgemeinen Beobachterstandpunkt ein, d.h., dass bei
  geringer Bewegung der Kamera keine Schnittpunkte ihren Typ verändern.

Bruchlinien

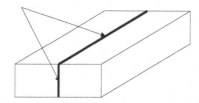

Abb. 7.19. Bruchlinien werden zunächst nicht zugelassen.

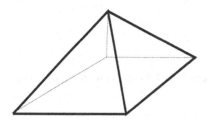

Abb. 7.20. Der obere Eckpunkt ist nicht erlaubt.

7.8.2 Kantenmarken

Unter den obigen Annahmen gibt es 4 Möglichkeiten (Abb. 7.21 und 7.22).

———————————— −   konkave Kante mit 2 sichtbaren Flächen

———————————— +   konvexe Kante mit 2 sichtbaren Flächen

———————————— →   konvexe Kante mit genau einer
sichbaren Fläche. Die sichtbare Fläche
———————————— ←   liegt rechts vom Pfeil (in Pfeilrichtung)

Abb. 7.21. Markierung der Kanten

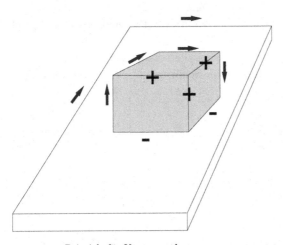

Abb. 7.22. Beispiele für Kantenmarken

7.8.3 Knotentypen

Man erhält 4 Knotentypen (Abb. 7.23).

Anmerkung 7.8.1 Der Typ T ist nur bei partieller Überdeckung möglich (siehe auch Abb. 7.18).

7.8.4 Knotenmarken

Die Kantenmarken und Knotentypen kann man nun kombinieren. Dann erhält man an den Knoten Markierungen für alle einlaufenden Kanten. Rein kombinatorisch gibt es für den Knotentypen L 4^2 , für die übrigen Knotentypen

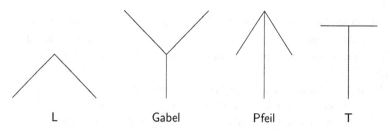

L   Gabel   Pfeil   T

Abb. 7.23. Typen von Knoten

4^3 Möglichkeiten, die Kanten zu markieren, insgesamt also 208. Physikalisch möglich ist aber nur ein kleiner Teil davon, nämlich 18 (Abb. 7.24).

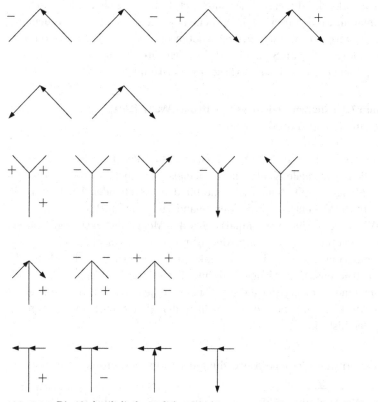

Abb. 7.24. Die 18 physikalisch möglichen Markierungen von Knoten mit einlaufenden Kanten ([22]).

An jedem Knoten stoßen genau drei Flächen zusammen (obige Annahme). Deshalb unterteilt ein Knoten den dreidimensionalen Raum in 8 Oktanten. Stellt man sich nun einen oder zwei oder drei usw. bis sieben der Oktanten ausgefüllt vor und dem Betrachter in jedem der jeweils freien Oktanten, dann erhält man alle möglichen Knotenmarken. Der Fall, dass 2,4 oder 6 Oktanten ausgefüllt sind, kann nicht eintreten. In [56] kann man die Herleitung genauer nachlesen.

Man erkennt aus Abb. 7.24 2 interessante Eigenschaften:

— Es gibt nur eine Art Pfeil mit Pfeilmarken an der linken und rechten Kante. Für solch einen Pfeil muss die mittlere Kante mit einem + versehen werden.

— Es gibt nur eine Art Gabel mit irgendeinem +. Für diese Gabel müssen alle Kanten mit + versehen werden.

❯ 7.8.5 Waltz-Algorithmus

Die Aufgabe der dreidimensionalen Interpretation lässt sich nun folgendermaßen definieren. Finde für eine vorgegebene zweidimensionale Linienzeichnung eine Zuordnung von Marken zu den Knoten derart, dass jeder Knoten eine zulässige Markierung im Sinne der 18 Möglichkeiten besitzt und die Marken der zusammengesetzten Kantenstücke übereinstimmen.

Programm 7.1 (Knotenmarkierungsalgorithmus (Waltz [55]))

1. Bilde eine Liste L mit allen Knoten.

2. Bis die Liste L leer ist, entferne

2.1. das erste Element in der Liste L. Nenne es aktueller Knoten.

2.1.1. Falls der aktuelle Knoten noch niemals aufgesucht wurde, erstelle für ihn eine Menge an Knotenmarken, die für den betreffenden Knotentyp alle möglichen Marken enthält. Eine Mengenänderung hat stattgefunden.

2.1.2. Wenn irgendeine Knotenmarke aus der Menge des aktuellen Knotens mit allen Knotenmarken in der Menge irgendeines benachbarten Knotens nicht kompatibel ist, eliminiere diese inkompatible Marke aus der Menge des aktuellen Knotens. Eine Mengenänderung hat stattgefunden.

2.2. Wenn eine Mengenänderung stattfand, setze jeden benachbarten Knoten, der eine Markenmenge besitzt und nicht in der Liste L enthalten ist, an den Anfang der Liste L.

Dieser Algorithmus ist eine Anwendung der Constraintpropagierung.

7.12   **Beispiel 7.12** Abbildung 7.25 zeigt die einzelnen Schritte bei der Markierung eines Würfels, der frei im Raum aufgehängt ist.

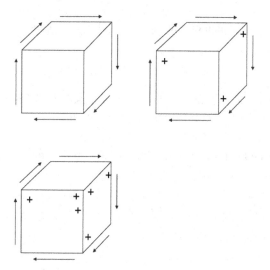

Abb. 7.25. Markierung eines Würfels, der im Raum aufgehängt ist.

Beispiel 7.13 Wit betrachten das folgende einfache Beispiel (Abb. 7.26), das   **7.13**
wir [56] entnehmen. Hier lassen sich die Eckpunkte A, B, C, D klassifizieren
(siehe Übungsaufgabe 7.8.2).

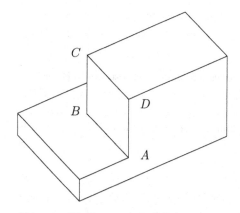

Abb. 7.26. Die Knoten A, B, C, D lassen sich eindeutig markieren.

❯ 7.8.6 Erweiterungen

Weitere Kantenmarkierungen kann man für Schatten und Bruchlinien betrachten. Auch die Anzahl der Knotentypen kann erweitert werden, wenn
die Eckpunkte der Polyeder auch als Schnittpunkt von mehr als 3 Ebenen
enstehen können

Die Anzahl der zulässigen Markierungen erhöht sich dann aber sprunghaft.

❯ 7.8.7 Aufgaben

7.8.1   **Aufgabe 7.8.1** Untersuchen Sie die Ergebnisse des Markierungsalgorithmus von Waltz auch für Würfel, die nicht frei im Raum aufgehängt sind.

7.8.2   **Aufgabe 7.8.2** Markieren Sie die Eckpunkte A, B, C und D aus Abb. 7.26 mit Hilfe des Waltz-Algorithmus.

7.8.3   **Aufgabe 7.8.3** Markieren Sie die Eckpunkte A, B, C, D und E aus Abb. 7.27 mit Hilfe des Waltz-Algorithmus.

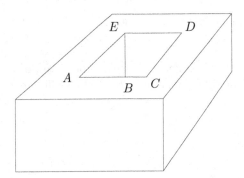

Abb. 7.27. Die Knoten A, B, C, D und E sollen mit Markierungen versehen werden.

7.8.4   **Aufgabe 7.8.4** Markieren Sie die Eckpunkte A, B, C, D und E aus Abb. 7.28 mit Hilfe des Waltz-Algorithmus.

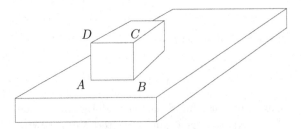

Abb. 7.28. Die Knoten A, B, C und D sollen mit Markierungen versehen werden.

7.9 Weitere Möglichkeiten für Shape from X

❯ 7.9.1 Shape from motion

Von einer Szene, die bewegte Objekte enthält, wird eine Bildfolge aufgenommen. Hieraus können dann unter bestimmten Annahmen, Rückschlüsse auf die Form des Objektes gezogen werden.

Diese Problematik behandeln wir im Kapitel 8.

Werden von einem rotierenden Objekt mehrere 2½D-Repräsentationen gewonnen, so können diese zu einem vollständigen 3D-Objektmodell zusammengestzt werden.

Eine weitere Möglichkeit stellt die Bewegung der Kamera selbst dar, um sich auf diese Weise mehrere Ansichten derselben Szene zu verschaffen.

❯ 7.9.2 Shape from texture

Wenn man annimmt, dass auf einer Objektoberfläche eine homogene Textur aufgebracht ist, so wird aufgrund der perspektivischen Betrachtung jede nicht senkrecht auf der Betrachtungsrichtung stehende Fläche eine entsprechend verzerrte Textur aufweisen. Aus dieser Verzerrung lässt sich der Normalenvektor der Oberfläche ableiten.

❯ 7.9.3 Shape from focus

Verfügt man über ein Kamerasystem, das eine Veränderung der Fokussierung erlaubt, so kann man versuchen, durch Scharfstellen auf einen Punkt der Szene dessen Entfernung zur Kamera festzustellen. Ist die Fokussierung der Kamera fest vorgegeben, so kann andererseits die Unschärfe von Kanten im Bild zur Berechnung der Entfernung herangezogen werden.

❯ 7.9.4 Shape from structured light

Eine spezielle Lichtquelle wird benutzt, um die Szene mit strukturiertem Licht zu beleuchten. Verzerrungen im beobachteten Muster lassen Rückschlüsse auf die 3 D Form zu.

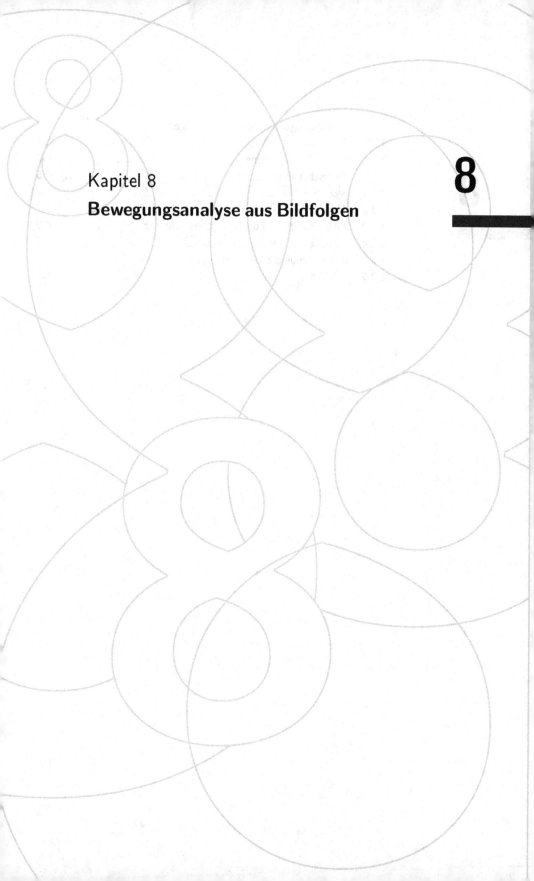

Kapitel 8

Bewegungsanalyse aus Bildfolgen

8

8   **Bewegungsanalyse aus Bildfolgen**

8

8 Bewegungsanalyse aus Bildfolgen

8.1 Einleitung

Hier untersuchen wir Bewegungen (Translation, Rotation) von formfesten Szenenobjekten. Wir betrachten dynamische Szenen mit fester Kameraposition. Aber auch statische Szenen mit beweglicher Kamera wären denkbar. Ausgangspunkt ist dabei eine Bildfolge:

$$G_0, G_1, G_2, \cdots \qquad (8.1)$$

Die Bilder werden in konstanten Zeitabständen δt_{const} aufgenommen. Oft nehmen wir $\delta t_{\text{const}} = 1$ an.

Die räumliche Bewegung eines Punktes $P = (x, y, z)$ kann in der Bildebene anhand der Bewegung eines projizierten Punktes $P^* = (u, v, z^*)$ verfolgt werden.

Als Projektionart kann man die Zentralprojektion auf 2 Arten wählen:

— kamerazentriert:

Das Projektionszentrum befindet sich im Punkt $(0, 0, 0)$ und die Bildebene ist $Z = f, f \neq 0$. Dabei ist f eine Kamerakonstante (Abstand zwischen Projektionszentrum und Bildebene). Hier gilt (siehe Satz 7.5 auf Seite 208):

$$u = \frac{f \cdot x}{z} \quad v = \frac{f \cdot y}{z}$$

— bildzentriert:

Das Projektionszentrum befindet sich im Punkt

$$(0, 0, -f), f \neq 0$$

und die Bildebene ist $Z = 0$. Hier gilt (siehe Satz 7.6 auf Seite 208):

$$u = \frac{f \cdot x}{f + z} \quad v = \frac{f \cdot y}{f + z}$$

Die z-Koordinate z^* des Punktes P^* ist in beiden Fällen konstant und deshalb nicht von Bedeutung.

8.2 Lokale Verschiebungsvektoren

Wir betrachten nun zwei aufeinanderfolgende Bilder

$$G_k \quad \text{und} \quad G_{k+1}, \quad k = 0, 1, \cdots$$

der Bildfolge (8.1). P wird in G_k auf P_{alt}^* und in G_{k+1} auf P_{neu}^* projiziert (siehe Abb. 8.1).

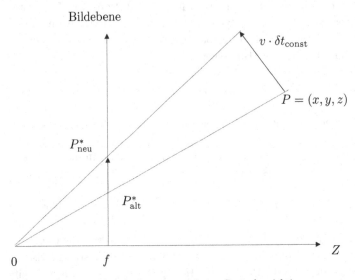

Abb. 8.1. Bewegung bei der kamerazentrierten Zentralprojektion.

Definition 8.1: Lokaler Verschiebungsvektor
Sei $t_k = k \cdot \delta t_{\text{const}} \quad k = 0, 1, \cdots$.
Dann heißt

$$d_{uv}(t_k) = P_{\text{neu}}^* - P_{\text{alt}}^* = \delta t_{\text{const}} \cdot (\xi_{uv}(t_k), \psi_{uv}(t_k))^T \tag{8.2}$$

lokaler Verschiebungsvektor im Punkt (u, v) der Bildebene zum Zeitpunkt t_k.

Anmerkung 8.2.1
— ξ_{uv} und ψ_{uv} bezeichnen die Geschwindigkeit in u- bzw. v-Richtung in der Bildebene.
— d_{uv} repräsentiert in der Bildebene die 3D-Bewegung des Punktes

$$P = (x, y, z).$$

In der Bildebene wird also eine beliebige 3D-Bewegung zwischen 2 Bildaufnahmen approximativ durch lokale Verschiebungsvektoren beschrieben.
- Eine Menge solcher lokaler Verschiebungsvektoren $d_{uv}(t)$ für festes t definiert ein lokales Verschiebungsvektorfeld in der Bildebene. Es ist einem
Bildpaar G_k und G_{k+1} zugeordnet.

Abbildung 8.2 zeigt einfache Verschiebungsvektorfelder.

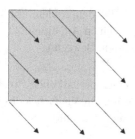

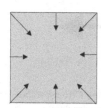

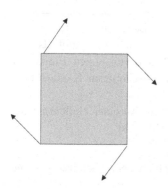

Abb. 8.2. Einfache Verschiebungsvektorfelder – Translation in der Bildebene (oben) –
Translation senkrecht zur Bildebene von der Kamera weg (mitte) – Rotation um eine
Achse senkrecht zur Bildebene (unten)

Lokale Verschiebungsvektorfelder können aus Bildfolgen berechnet werden, wenn einzelne Oberflächenpunkte eindeutig in der Bildfolge verfolgt werden können. Dies ist wieder ein Korrespondenzproblem.

Die Verfolgung einzelner Oberflächenpunkte ist nicht einfach. Gegenstände können hinter anderen verschwinden bzw. wieder auftauchen. Ebenso können bisher unsichtbare Objektflächen durch Drehung erscheinen.

Zu den neu auftauchenden bzw. verschwindenden Objektpunkten gibt es keine korrespondierenden Punkte im anderen Bild.

Ein weiteres Problem ist das Aperturproblem oder Blendenproblem. Ein lokal beschränkter Ausschnitt einer Bildfolge liefert oft keinen Anhaltspunkt oder nur unzureichende Information über die stattfindende Bewegung.

8.1 **Beispiel 8.1** Hier betrachten wir die Bewegung einer periodischen Struktur (z.B. ein horizontales Gitter). Eine Verschiebung um ein Vielfaches des Gitterabstandes ist nicht erkennbar, wenn man nur einen Ausschitt des Objektes sieht (Abb. 8.3).

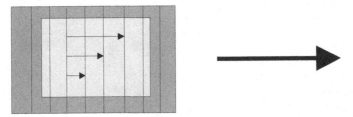

Abb. 8.3. Die horizontale Bewegung kann über ein, zwei oder drei Gitterabstände verlaufen. Dabei können wir nur den rechteckigen Ausschnitt im Bild betrachten.

8.2 **Beispiel 8.2** In der Abb. 8.4 ist nur die horizontale Bewegung der Kante feststellbar. Eine vertikale Verschiebung ist nicht zu ermitteln. Es gibt also unendlich viele lokale Verschiebungsvektoren, die alle von einem Punkt der Kante zu einem beliebigen anderen Punkt der verschobenen Kante führen können.

Erst weitere Informationen (z.B. eine Ecke) führen zu einer eindeutige Bestimmung der lokalen Verschiebungsvektoren (Abb. 8.5).

Zur approximativen Berechnung lokaler Verschiebungsfelder benutzt man den optischen Fluss.

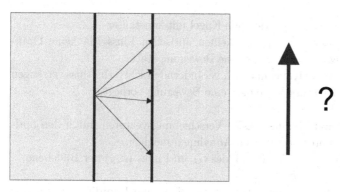

Abb. 8.4. Hier ist die vertikale Komponente der Bewegung nicht zuermitteln.

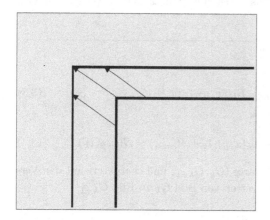

Abb. 8.5. An einer Ecke bekommt man eindeutige lokale Verschiebungsvektoren.

8.3 Optischer Fluss

❷ 8.3.1 Vorbemerkungen

Der optische Fluss (optical flow) repräsentiert den Verlauf der Änderungen von Bildgrauwerten zweier Bilder G_k und G_{k+1} einer Bildfolge.

Unter der Annahme, dass die Änderung der Grauwerte durch relative oder absolute Objektbewegungen verursacht wird, ist der optische Fluss eine Approximation der lokalen Verschiebungsvektoren. Damit kann der optische Fluss zur Berechnung solcher lokaler Verschiebungsvektorfelder benutzt werden.

Der optische Fluss kann aber nicht generell mit einem Feld lokaler Verschiebungsvektoren identifiziert werden, z.B.:

— eine vor einer Kamera rotierende Kugel mit konstanter Oberflächenbeschaffenheit hat keinen optischen Fluss (da keine Grauwertänderung), aber es findet eine Bewegung statt.

— Eine fest stehende Kugel und sich verändernde Lichtverhältnisse erzeugen einen optischer Fluss, ohne dass eine Bewegung vorliegt.

Deshalb ist die Berechnung lokaler Verschiebungsvektoren durch den optischen Fluss nur unter bestimmten Annahmen möglich.

Sei $G(x, y, t_k)$ der Grauwert des Bildes G_k im Punkt (x, y) der Bildebene ($k = 0, 1, 2, \cdots$ $t_k = k \cdot \delta t_{\mathrm{const}}$).

Wir verwenden ab jetzt auch für die Bildebene die Koordinaten x und y anstelle von u und v. Eine Diskretisierung von x und y werden wir erst später betrachten.

8.2

Definition 8.2: optischer Fluss

Das Vektorfeld

$$f_k(x, y) = (u_k(x, y), v_k(x, y))^T \tag{8.3}$$

mit

$$G(x + u_k(x, y), y + v_k(x, y), t_k + \delta t_{\mathrm{const}}) = G(x, y, t_k) \tag{8.4}$$

heißt optischer Fluss des Bildpaares (G_k, G_{k+1}) und charakterisiert den Verlauf der Änderungen von Grauwerten von Bild G_k zu Bild G_{k+1}.

Die Gleichung (8.4) nennt man auch Bildwerttreue des optischen Flusses. Die Bildwerttreue unterstützt die Berechnung der Vektoren

$$(u_k(x, y), v_k(x, y))^T$$

nur sehr gering, da die einzelnen Grauwerte i. a. in einer sehr großen Anzahl von Bildpunkten identisch auftreten. Für den optischen Fluss sind also weitere Annahmen zu finden.

Unserer Zielstellung gemäß soll der optische Fluss den lokalen Verschiebungsvektoren entsprechen. Es soll also gelten:

$$u_k(x, y) = \xi_{xy}(t_k) \cdot \delta t_{\mathrm{const}}$$
$$v_k(x, y) = \psi_{xy}(t_k) \cdot \delta t_{\mathrm{const}}$$

Damit ist

$$f_k(x, y) = d_{xy}(t_k).$$

Dies nennt man Bewegungstreue des optischen Flusses.

❯ 8.3.2 Horn-Schunck-Verfahren

Dieses Verfahren wurde in [21] vorgestellt.

Wir betrachten die Taylorreihenentwicklung der Funktion $G(x, y, t)$ und erhalten:

$$G(x + \delta x, y + \delta y, t_k + \delta t) =$$
$$G(x, y, t_k) + \delta x \cdot \frac{\partial G(x, y, t_k)}{\partial x} + \delta y \cdot \frac{\partial G(x, y, t_k)}{\partial y} + \delta t \cdot \frac{\partial G(x, y, t_k)}{\partial t} + e$$

Sei speziell

$$\delta x = u_k(x, y)$$
$$\delta y = v_k(x, y)$$
$$\delta t = \delta t_{\text{const}} = 1$$

Aus der Bildwerttreue folgt

$$0 = u_k(x, y) \frac{\partial G(x, y, t_k)}{\partial x} + v_k(x, y) \frac{\partial G(x, y, t_k)}{\partial y} + \frac{\partial G(x, y, t_k)}{\partial t} + e.$$

Wir können $e = 0$ annehmen und erhalten die Horn-Schunck-Bedingung:

$$0 = u_k(x, y) \frac{\partial G(x, y, t_k)}{\partial x} + v_k(x, y) \frac{\partial G(x, y, t_k)}{\partial y} + \frac{\partial G(x, y, t_k)}{\partial t} \qquad (8.5)$$

Die Horn-Schunck-Bedingung folgt also aus der Bildwerttreue des optischen Flusses und aus der Annahme, dass diese Vektoren nur kleine Schritte beschreiben, für die die Linearitätsannahme für $G(x, y, t)$ gerechtfertigt ist, d.h. für die $e = 0$ angenommen werden kann.

Für einen bestimmten Zeitpunkt $t = t_k$ der Bildfolge nimmt die Horn-Schunck-Bedingung also die Form

$$u G_x + v G_y = -G_t$$

bzw.

$$(G_x, G_y)(u, v)^T = -G_t$$

an.

G_x, G_y, G_t können als gegeben vorausgesetzt werden und u, v sind gesucht. Die Horn-Schunck-Bedingung schränkt die möglichen Werte des optischen Flusses (u, v) nur auf eine Gerade der uv-Ebene ein. Dies ist gerade das Aperturproblem.

Ausgehend von der Feststellung, dass benachbarte Oberflächenpunkte eines sich bewegenden Objektes in etwa dieselben lokalen Verschiebungsvektoren besitzen, kann als globale Annahme die Glattheit des Vektorfeldes des optischen Flusses getroffen werden. Die Glattheit ist gegeben, falls die ersten Ableitungen u_x, u_y, v_x, v_y nahe bei Null liegen, d.h.:

$$u_x^2(x,y) + u_y^2(x,y) + v_x^2(x,y) + v_y^2(x,y)$$

nimmt einen minimalen Wert an für die Bildpunkte (x,y) eines zu betrachtenden Teilbildes Ω (fester Zeitpunkt). Dies ist über alle $(x,y) \in \Omega$ aufzusummieren.

Wir betrachten nun das Funktional

$$F_g(u,v) = \iint\limits_{\Omega} (u_x^2(x,y) + u_y^2(x,y) + v_x^2(x,y) + v_y^2(x,y)) \, dxdy.$$

Es gibt den Glattheitsfehler für ein Funktionenpaar $(u(x,y), v(x,y))$ an, welcher zu minimieren ist. Ω ist dabei die Menge aller Bildpunkte, für die der optische Fluss zu berechnen ist.

Weiter betrachten wir das Funktional

$$F_h(u,v) = \iint\limits_{\Omega} (u(x,y)G_x(x,y,t) + v(x,y)G_y(x,y,t) + G_t(x,y,t))^2 \, dxdy.$$

Es gibt für ein Funktionenpaar $(u(x,y), v(x,y))$ den Fehler bezüglich der Gültigkeit der Horn-Schunck-Bedingung an. Dieser ist ebenfalls zu minimieren.

Sei $\lambda \geq 0$ ein Wichtungsparameter, der den Einfluss der beiden Funktionale auf die Lösung beschreibt. Man kann z.B. $\lambda = 10$ wählen.

Insgesamt ist also das Funktional

$$F(u,v) = F_g(u,v) + \lambda F_h(u,v) \tag{8.6}$$

zu minimieren.

Für die Lösung der Optimierungsaufgabe

$$F(u,v) = F_g(u,v) + \lambda F_h(u,v) \to MIN$$

sind zwei verschiedene Wege möglich.

Man kann Methoden der Variationsrechnung benutzen oder eine diskrete Iteration durchführen.

❷ 8.3.3 Lösung mit Hilfe der Variationsrechnung

Für das Funktional

$$\iint\limits_{\Omega} f(x, y, u, v, u_x, u_y, v_x, v_y) \, dx dy$$

sind die Euler-Gleichungen

$$\frac{\partial f}{\partial u} - \frac{d}{dx}\left(\frac{\partial f}{\partial u_x}\right) - \frac{d}{dy}\left(\frac{\partial f}{\partial u_y}\right) = 0 \tag{8.7}$$

$$\frac{\partial f}{\partial v} - \frac{d}{dx}\left(\frac{\partial f}{\partial v_x}\right) - \frac{d}{dy}\left(\frac{\partial f}{\partial v_y}\right) = 0 \tag{8.8}$$

notwendige Bedingungen für ein schwaches relatives Extremum.
Wir haben wegen (8.6)

$$f = (u_x^2 + u_y^2 + v_x^2 + v_y^2) + \lambda(uG_x + vG_y + G_t)^2$$

und

$$\frac{\partial f}{\partial u} = 2\lambda(uG_x + vG_y + G_t)G_x.$$

Weiter gilt

$$\frac{\partial f}{\partial u_x} = 2u_x$$
$$\frac{\partial f}{\partial u_y} = 2u_y$$
$$\frac{d}{dx}\left(\frac{\partial f}{\partial u_x}\right) = 2u_{xx}$$
$$\frac{d}{dy}\left(\frac{\partial f}{\partial u_y}\right) = 2u_{yy}.$$

Die erste Euler-Gleichung (8.7) hat dann die Form

$$2\lambda(uG_x + vG_y + G_t)G_x = 2(u_{xx} + u_{yy}) = 2\nabla^2 u$$

bzw.

$$\nabla^2 u = \lambda(uG_x + vG_y + G_t)G_x,$$

wobei

$$\nabla^2 u = u_{xx} + u_{yy}$$

der Laplace-Operator bedeutet.

Anolog erhält man aus (8.8) die Gleichung

$$\nabla^2 v = \lambda(uG_x + vG_y + G_t)G_y.$$

Diese partiellen elliptischen Differentialgleichungen 2.Ordnung können durch numerische Iterationsverfahren gelöst werden. Durch die Vorgabe von Randwertbedingungen für u und v kann die Lösungsmannigfaltigkeit eingeschränkt werden.

❯ 8.3.4 Lösung mit diskreter Iteration

Für die diskrete Iteration werden die Bildpunkte nur in ganzzahligen Koordinaten (i, j) mit $0 \leq i \leq I - 1$ und $0 \leq j \leq J - 1$ und für ganzzahlige Zeitpunkte $t = 0, 1, 2, \cdots$ betrachtet.

Der Glattheitsfehler des diskreten optischen Flusses $(u(i, j), v(i, j))$ im Punkt (i, j) wird wie folgt berechnet

$$f_g(i,j) = \frac{1}{4}((u(i+1,j) - u(i,j))^2 + (u(i,j+1) - u(i,j))^2 +$$
$$(v(i+1,j) - v(i,j))^2 + (v(i,j+1) - v(i,j))^2).$$

Die ersten Ableitungen sind hier durch einfache Differenzen von Funktionswerten in benachbarten Bildpunkten approximiert. Für Randpunkte sind spezielle Festlegungen zu treffen.

Der Fehler der Horn-Schunck-Bedingung ist

$$f_h(i,j) = (G_x(i,j,t) \cdot u(i,j) + G_y(i,j,t) \cdot v(i,j) + G_t(i,j,t))^2.$$

Der zu minimierende Gesamtfehler ergibt sich zu

$$f = \sum_{0 \leq i \leq I-1, 0 \leq j \leq J-1} (f_g(i,j) + \lambda f_h(i,j)).$$

Dabei ist t fest. Zu bestimmen sind die $2 \cdot I \cdot J$ Unbekannten $u(i,j), v(i,j)$ so, dass f minimal wird.

Hierzu werden die ersten Ableitungen des Gesamtfehlers f nach $u(i,j)$ und $v(i,j)$ gebildet und Null gesetzt (notwendige Bedingung für ein Minimum).

Wir erhalten

$$\frac{\partial \sum\limits_{i,j} f_g(i,j)}{\partial u(i,j)} = -\frac{1}{2}((u(i+1,j) - u(i,j)) + (u(i,j+1) - u(i,j)))$$

$$+ \frac{1}{2}((u(i,j) - u(i-1,j)) + (u(i,j) - u(i,j-1)))$$

und

$$\frac{\partial \sum\limits_{i,j} f_g(i,j)}{\partial u(i,j)} = 2u(i,j) - 2(\frac{1}{4}(u(i+1,j) + u(i,j+1) + u(i-1,j) + u(i,j-1)))$$

$$= 2u(i,j) - 2\bar{u}(i,j).$$

Man beachte, dass die Unbekannte $u(i,j)$ in den Summanden

$$f_g(i,j), \quad f_g(i-1,j) \quad \text{und} \quad f_g(i,j-1)$$

auftritt.
Dabei ist

$$\bar{u}(i,j) = u(i+1,j) + u(i,j+1) + u(i-1,j) + u(i,j-1).$$

Somit ergibt sich

$$\frac{\partial f}{\partial u(i,j)} = 2u(i,j) - 2\bar{u}(i,j) +$$

$$2\lambda(G_x(i,j,t) \cdot u(i,j) + G_y(i,j,t) \cdot v(i,j) + G_t(i,j,t))G_x(i,j,t)$$

und analog

$$\frac{\partial f}{\partial v(i,j)} = 2v(i,j) - 2\bar{v}(i,j) +$$

$$2\lambda(G_x(i,j,t) \cdot u(i,j) + G_y(i,j,t) \cdot v(i,j) + G_t(i,j,t))G_y(i,j,t),$$

mit

$$\bar{v}(i,j) = v(i+1,j) + v(i,j+1) + v(i-1,j) + v(i,j-1).$$

Aus

$$\frac{\partial f}{\partial u(i,j)} = \frac{\partial f}{\partial v(i,j)} = 0$$

folgt das Gleichungssystem

$$(1 + \lambda G_x^2)u(i,j) + \lambda G_x G_y v(i,j) = \bar{u}(i,j) - \lambda G_x G_t$$

$$\lambda G_x G_y u(i,j) + (1 + \lambda G_y^2)v(i,j) = \bar{v}(i,j) - \lambda G_y G_t.$$

Hieraus folgt

$$u(i,j) = \frac{\bar{u}(i,j)(1 + \lambda G_y^2) - \lambda G_x G_t(1 + \lambda G_y^2)}{(1 + \lambda G_x^2)(1 + \lambda G_y^2) - \lambda^2 G_x^2 G_y^2}$$
$$- \frac{\bar{v}(i,j)\lambda G_x G_y - \lambda G_y G_t \lambda G_x G_y}{(1 + \lambda G_x^2)(1 + \lambda G_y^2) - \lambda^2 G_x^2 G_y^2}$$

und somit

$$u(i,j) = \frac{(1 + \lambda G_y^2)\bar{u}(i,j) - \lambda G_x(G_t + G_y\bar{v}(i,j))}{1 + \lambda(G_x^2 + G_y^2)}.$$

Analog erhält man

$$v(i,j) = \frac{(1 + \lambda G_x^2)\bar{v}(i,j) - \lambda G_y(G_t + G_x\bar{u}(i,j))}{1 + \lambda(G_x^2 + G_y^2)}.$$

Allerdings sind in dieser Lösung die Werte in den Punkten (i,j) von den Werten in der 4-Nachbarschaft von (i,j) abhängig. Die Lösungen können aber in den verschiedenen Bildpunkten nicht gleichzeitig berechnet werden. Deshalb wird ein iteratives Verfahren benutzt.

Im Iterationsschritt 0 initialisieren wir die Werte für $u(i,j), v(i,j)$, z.B. mit

$$u^0(i,j) = 0 \quad v^0(i,j) = 0.$$

Im Iterationsschritt $n+1$ werden dann zur Berechnung der Werte

$$u^{n+1}(i,j), \quad v^{n+1}(i,j)$$

die arithmetischen Mittelwerte $\bar{u}^n(i,j)$ bzw. $\bar{v}^n(i,j)$ des vorhergehenden Iterationsschrittes n verwendet.

Wir erhalten

$$u^{n+1}(i,j) = \bar{u}^n(i,j) - \lambda G_x \frac{G_x \bar{u}^n(i,j) + G_y \bar{v}^n(i,j) + G_t}{1 + \lambda(G_x^2 + G_y^2)}$$

und

$$v^{n+1}(i,j) = \bar{v}^n(i,j) - \lambda G_y \frac{G_x \bar{u}^n(i,j) + G_y \bar{v}^n(i,j) + G_t}{1 + \lambda(G_x^2 + G_y^2)}.$$

In jedem Iterationsschritt $n = 0, 1, 2, \cdots$ werden die Werte des optischen Flusses in allen relevanten Bildpunkten berechnet.

Die diskrete Berechnung der Ableitungen

$$G_x(i,j,t), \quad G_y(i,j,t), \quad G_t(i,j,t)$$

geschieht folgendermaßen

$$
\begin{aligned}
G_x(i,j,t) = {} & \frac{1}{4}((G(i+1,j,t) + (G(i+1,j,t+1) + \\
& + (G(i+1,j+1,t) + (G(i+1,j+1,t+1)) \\
& - \frac{1}{4}((G(i,j,t) + (G(i,j,t+1) + \\
& + (G(i,j+1,t) + (G(i,j+1,t+1))
\end{aligned}
$$

$$
\begin{aligned}
G_y(i,j,t) = {} & \frac{1}{4}((G(i,j+1,t) + (G(i,j+1,t+1) + \\
& + (G(i+1,j+1,t) + (G(i+1,j+1,t+1)) \\
& - \frac{1}{4}((G(i,j,t) + (G(i,j,t+1) + \\
& + (G(i+1,j,t) + (G(i+1,j,t+1))
\end{aligned}
$$

$$
\begin{aligned}
G_t(i,j,t) = {} & \frac{1}{4}((G(i,j,t+1) + (G(i,j+1,t+1) + \\
& + (G(i+1,j,t+1) + (G(i+1,j+1,t+1)) \\
& - \frac{1}{4}((G(i,j,t) + (G(i,j+1,t) + \\
& + (G(i+1,j,t) + (G(i+1,j+1,t)).
\end{aligned}
$$

Eine andere einfachere Möglichkeit ist

$$G_x(i,j,t) = G(i,j,t) - G(i+1,j,t)$$
$$G_y(i,j,t) = G(i,j,t) - G(i,j+1,t)$$
$$G_t(i,j,t) = G(i,j,t) - G(i,j,t+1).$$

Randpunkte muss man gesondert behandeln.

❯ 8.3.5 Algorithmus zur Berechnung des optischen Flusses

Programm 8.1

```
begin
    for j := 0 to J − 1 do
        for i := 0 to I − 1 do begin
            Berechne die Werte Gₓ(i,j,t), G_y(i,j,t) und G_t(i,j,t) ;
            u(i,j) := 0;
            v(i,j) := 0;
    end;
    wähle λ (z.B. λ = 10);
    wähle Iterationsanzahl n₀ (z.B. 8 ≤ n₀ ≤ 12);
    n := 1;
    while n ≤ n₀ do begin
        for j := 0 to J − 1 do
            for i := 0 to I − 1 do begin
                ū := ¼((u(i−1,j) + u(i+1,j) + u(i,j−1) + u(i,j+1));

                v̄ := ¼((v(i−1,j) + v(i+1,j) + v(i,j−1) + v(i,j+1));

                α := λ · (Gₓ(i,j,t)ū + G_y(i,j,t)v̄ + G_t(i,j,t)) / (1 + λ(Gₓ²(i,j,t) + G_y²(i,j,t)));

                u(i,j) := ū − αGₓ(i,j,t);

                v(i,j) := v̄ − αG_y(i,j,t);
        end;
        n := n + 1;
    end;
end;
```

❯ 8.3.6 Aufgaben

Aufgabe 8.3.1 Wir betrachten zum Zeitpunkt $t = 1$ das Bild   8.3.1

$$G_1 = G(i,j,1) = \begin{pmatrix} 0\,0\,1\,2\,3\,4\,5\,5 \\ 0\,0\,1\,2\,3\,4\,5\,5 \\ 0\,0\,1\,2\,3\,4\,5\,5 \\ 0\,0\,1\,2\,3\,4\,5\,5 \\ 0\,0\,1\,2\,3\,4\,5\,5 \\ 0\,0\,1\,2\,3\,4\,5\,5 \\ 0\,0\,1\,2\,3\,4\,5\,5 \\ 0\,0\,1\,2\,3\,4\,5\,5 \end{pmatrix}$$

und zum Zeitpunkt $t = 2$ das Bild

$$G_2 = G(i,j,2) = \begin{pmatrix} 0\,0\,0\,1\,2\,3\,4\,5 \\ 0\,0\,0\,1\,2\,3\,4\,5 \\ 0\,0\,0\,1\,2\,3\,4\,5 \\ 0\,0\,0\,1\,2\,3\,4\,5 \\ 0\,0\,0\,1\,2\,3\,4\,5 \\ 0\,0\,0\,1\,2\,3\,4\,5 \\ 0\,0\,0\,1\,2\,3\,4\,5 \\ 0\,0\,0\,1\,2\,3\,4\,5 \end{pmatrix}.$$

Berechnen Sie iterativ $u(i,j)$ und $v(i,j)$ für geeignete Bildpunkte (i,j).

Aufgabe 8.3.2 Wir betrachten zum Zeitpunkt $t = 1$ das Bild   8.3.2

$$G_1 = G(i,j,1) = \begin{pmatrix} 0\,0\,0\,0\,0\,0\,0\,0 \\ 0\,0\,0\,0\,0\,0\,0\,0 \\ 0\,0\,0\,0\,0\,0\,0\,0 \\ 0\,0\,0\,0\,0\,0\,0\,0 \\ 0\,0\,1\,1\,0\,0\,0\,0 \\ 0\,0\,1\,1\,0\,0\,0\,0 \\ 0\,0\,0\,0\,0\,0\,0\,0 \\ 0\,0\,0\,0\,0\,0\,0\,0 \end{pmatrix}$$

und zum Zeitpunkt $t = 2$ das Bild

$$G_2 = G(i,j,2) = \begin{pmatrix} 0\,0\,0\,0\,0\,0\,0\,0 \\ 0\,0\,0\,0\,0\,0\,0\,0 \\ 0\,0\,0\,0\,1\,1\,0\,0 \\ 0\,0\,0\,0\,1\,1\,0\,0 \\ 0\,0\,0\,0\,0\,0\,0\,0 \\ 0\,0\,0\,0\,0\,0\,0\,0 \\ 0\,0\,0\,0\,0\,0\,0\,0 \\ 0\,0\,0\,0\,0\,0\,0\,0 \end{pmatrix}$$

Berechnen Sie iterativ $u(i,j)$ und $v(i,j)$ für geeignete Bildpunkte (i,j).

Literaturverzeichnis

[1] Abmayr, W.: *Einführung in die digitale Bildverarbeitung*. B.G. Teubner, Stuttgart 1994

[2] Alpaydin, E.: *Machine Learning*. The MIT Press, Massachusetts 2004

[3] Bennamoun, M., Mamic, G.J.: *Object Recognition – Fundamentals and Case Studies*. Springer, London 2002

[4] Bässmann, H., Besslich Ph. W.: *Bildverarbeitung Ad Oculos*. Springer, Berlin Heidelberg 2004

[5] Bergh, J., Ekstedt F., Lindberg, M.: *Wavelets mit Anwendungen in Signal- und Bildverarbeitung*. Springer, Berlin Heidelberg 2007

[6] Bishop, Ch.M.: *Pattern Recognition and Machine Learning*. Springer, New York 2006

[7] Bräunl, Th., Feyrer St., Rapf, W., Reinhardt, M. : *Parallele Bildverarbeitung*. Addison-Wesley, Bonn 1995

[8] Bräunl, Th., Feyrer St., Rapf, W., Reinhardt, M.: *Parallel Image Processing*. Springer, Berlin Heidelberg 2001

[9] Burger, W., Burge M. J.: *Digitale Bildverarbeitung – Eine Einführung mit Java und ImageJ*. Springer, Berlin Heidelberg 2006

[10] Davies, E.R.: *Machine Vision – Theory Algorithms Practicalities*. Morgan Kaufmann, San Francisco 2005

[11] Demant, Ch., Streicher-Abel, B., Waszkewitz, P.: *Industrielle Bildverarbeitung – Wie optische Qualitätskontrolle wirklich funktioniert*. Springer, Berlin Heidelberg 1998

[12] Forsyth, D. A., Ponce, J.: *Computer Vision A Modern Approach*. Pearson Education, Upper Saddle River, NJ 2003

[13] Gold, St., Rangarajan, A.: *A graduarted assignment algorithm for graph matching*. IEEE Transactions on Pattern Analysis and Machine Intelligence, 1996

[14] Gonzalez, R. C., Woods, R. E.: *Digital Image Processing*. Pearson Education, Upper Saddle River, NJ 2008

[15] Görz, G., Rollinger, C.-R., Schneeberger, J. (Hrsg): *Handbuch der Künstlichen Intelligenz*. Oldenbourg, München 2003

[16] Haberäcker, P.: *Praxis der Digitalen Bildverarbeitung und Mustererkennung*. Carl Hanser Verlag, München 1995

[17] Haralick, R. M., Shapiro, L. G.: *Computer and Robot Vision Volume I*. Addison-Wesley, Massachusetts 1992

[18] Haralick, R. M., Shapiro, L. G.: *Computer and Robot Vision Volume II.* Addison-Wesley, Massachusetts 1993

[19] Harris, C. G., Stephens, M.: *A combined corner and edge detector.* In: 4th Alvey Vision Conference, S. 147–151, 1988

[20] Haykin, S.: *Neural Networks: A Comprehensive Foundation.* Macmillan, New York 1994

[21] Horn, B. K. P., Schunck, B. G.: *Determining optical flow.* Artificial Intelligence 17, S. 185–203, 1981

[22] Huffman, D.: *Impossible objects as nonsense sentence.* In: R.Meltzer and D.Michie (Eds.):Machine Intelligence 6, New York: Elsevier 1971 S.295–323

[23] Ikeuchi, K., Horn, B. K. P.: *Numerical shape from shading and occluding boundaries.* Artificial Intelligence, 17, pp. 141–184, 1981

[24] Jähne, B., Massen, R., Nickolay, B., Scharfenberg, H.: *Technische Bildverarbeitung – Maschinelles Sehen.* Springer, Berlin Heidelberg 1996

[25] Jähne, B.: *Digitale Bildverarbeitung.* Springer, Berlin Heidelberg 2005

[26] Jiang, X., Bunke, H.: *Dreidimensionales Computersehen – Gewinnung und Analyse von Tiefenbildern.* Springer, Berlin Heidelberg 1997

[27] Klas, J.: *Digitale Bildverarbeitung.* moreno, Buchloe 1996

[28] Klette, R., Zamperoni, P.: *Handbuch der Operatoren für die Bildverarbeitung.* Vieweg, Braunschweig Wiesbaden 1995

[29] Klette, R., Koschan A., Schlüns, K.: *Computer Vision – Räumliche Information aus diditalen Bildern.* Vieweg, Braunschweig Wiesbaden 1996

[30] Klette, R., Rosenfeld A.: *Digital Geometry – Geometric Methods for Digital Picture Analysis.* Morgan Kaufmann, San Francisco 2004

[31] Kopp, H.: *Bildverarbeitung interaktiv.* B.G. Teubner, Stuttgart 1997

[32] LeCun, Y., Cortes, C.: *MNIST database of handwritten digits.* http://yann.lecun.com/exdb/mnist/, Online Ressource, letzter Zugriff: Mai 2008

[33] Lehmann, Th., Oberschelp, W., Pelikan, E., Repkes, R.: *Bildverarbeitung für die Medizin.* Springer, Berlin Heidelberg 1997

[34] Lowe, D.: *Object Recognition from Local Scale-Invariant Features.* In: ICCV., 1150–1157, 1999

[35] Lü, H. E., Wang, P. S. P.: *A Comment on "A Fast Parallel Algorithm for Thinning Digital Patterns".* Communications of the ACM, vol.29,no.3,pp. 239–242(4), 1986

[36] Mallot, H. A.: *Sehen und die Verarbeitung visueller Informationen.* Vieweg, Braunschweig Wiesbaden 1998

[37] Marr, D.: *Vision.* Freeman & Co, San Francisco 1982

[38] Nischwitz, A., Fischer, M., Haberäcker, P.: *Computergrafik und Bildverarbeitung.* Vieweg, Wiesbaden 2007

[39] Paulus, D. W. R., Hornegger, J.: *Pattern Recognition and Image Processing in C++.* Vieweg, Braunschweig Wiesbaden 1995

[40] Pinz, A.: *Bildverstehen.* Springer, Wien 1994

[41] Pitas, I.: *Digital Image Processing Algorithms and Applications.* John Wiley & Sons, New York 2000

[42] Radig, B.: *Verarbeiten und Verstehen von Bildern.* Oldenbourg, München 1993

[43] Roberts, L. G.: *Machine Perception of Three-Dimensional Solids.* In Tippet et. al. (Hg.), Optical and Electro-Optical Information Processing, Seite 159–197, The MIT Press, Cambridge Mass. 1965

[44] Russell, St., Norvig, P.: *Künstliche Intelligenz – Ein moderner Ansatz.* Pearson Studium, München 2004

[45] Schmidt, K., Trenkler, G.: *Einführung in die Moderne Matrix-Algebra.* Springer, Heidelberg 2006

[46] Schunck, B. G., Horn, B. K. P.: *Constraints on optical flow computation.* Proc. Pattern Recognition and Image Processing Conf., Dallas, S. 205–210, 1981

[47] Soille, P.: *Morphological Image Analysis.* Springer, Berlin Heidelberg 2004

[48] Steinbrecher, R.: *Bildverarbeitung in der Praxis.* Oldenbourg, München 1993

[49] Tishoosh, H. R.: *Fuzzy-Bildverarbeitung.* Springer, Berlin Heidelberg 1998

[50] Tönnies, K. D.: *Grundlagen der Bildverarbeitung.* Pearson Studium, München 2005

[51] Ullmann, J.: *An Algorithm for Subgraph Isomorphism Testing.* Journal of ACM 23, 1976

[52] Vince, J.: *Vector Analysis for Computer Graphics.* Springer, London 2007

[53] Voss, K.: *Theoretische Grundlagen der digitalen Bildverarbeitung.* Akademie Verlag, Berlin 1988

[54] Voss, K.: *Discrete Images, Objects and Functions in Z^n.* Springer, Berlin 1993

[55] Waltz, D.: *Understanding Line Drawings of Scenes with Shadows.* In P. H. Winston (Hg.), The Psychology of Computer Vision, Seite 19–91, McGraw-Hill, New York 1975

[56] Winston, P. H.: *Künstliche Intelligenz* Addison-Wesley, Bonn 1989

[57] Zimmer, W. D., Bonz, E.: *Objektorientierte Bildverarbeitung –
Datenstrukturen und Anwendungen in C++.* Carl Hanser, München 1996

Index